즐거운 영어생활

2교시
여가생활
영어회화

한 대 더
뽑아들까?

이제
그만해~

제이정 글 | (주)산돌티움 그림

길벗
이지:톡

즐거운 영어생활

2교시 여가생활 영어회화

초판 1쇄 발행 · 2019년 12월 20일

지은이 · 제이정 | **그린이** · (주)산돌티움
발행인 · 이종원
발행처 · (주)도서출판 길벗
브랜드 · 길벗이지톡
출판사 등록일 · 2000년 4월 14일
주소 · 서울시 마포구 월드컵로 10길 56(서교동)
대표 전화 · 02)332-0931 | **팩스** · 02)323-0586
홈페이지 · www.gilbut.co.kr | **이메일** · eztok@gilbut.co.kr

기획 및 책임편집 · 임명진(jinny4u@gilbut.co.kr), 김대훈 | **디자인** · 황애라 | **제작** · 이준호, 손일순, 이진혁
영업마케팅 · 김학흥, 장봉석 | **웹마케팅** · 이수미, 최소영 | **영업관리** · 김명자, 심선숙 | **독자지원** · 송혜란, 홍혜진

편집진행 및 교정교열 · 강윤혜 | **전산편집** · 이현해
오디오 녹음 및 편집 · 와이알미디어 | **CTP 출력 및 인쇄** · 예림인쇄 | **제본** · 예림바인딩

ISBN 979-11-6050-995-3 03740 (길벗도서번호 301039)

이 도서의 국립중앙도서관 출판시도서목록(CIP)은 서지정보유통지원시스템 홈페이지(http://seoji.nl.go.kr)와
국가자료공동목록시스템(http://www.nl.go.kr/kolisnet)에서 이용하실 수 있습니다. (CIP제어번호: CIP2019045691)
ⓒ 제이정, ㈜산돌티움 2019

정가 13,000원

즐거운 영어생활을
시작하는 독자 여러분께

10년 동안 써온 영어 노트가 있습니다

제 학생이 원어민 선생님과 대화를 나누던 중 뭐가 답답한지 가슴을 막 두 드립니다. 그러더니 갑자기 선생님과 둘이 웃음이 터졌어요. 이 모습을 지 켜보다 궁금해진 제가 다가가서 자초지종을 물어봤어요. 그랬더니 학생 왈, 자신이 열심히 설명한 내용을 선생님이 이해했는지 궁금해서 "제 말 무 슨 말인지 아셨나요?"라고 물어보려 했대요. 그런데 그 친구 입에서 나온 말이 Can you feel my heart?(내 마음이 느껴지세요?) 말해놓고 본인도 이건 아 니다 싶어서 웃음이 터졌다는 거죠. 그에게 영어 문장을 말해준 후 양해를 구하고 노트에 정리했습니다. "내 말 뭔 말인지 알지?"

영어 강사로 지낸 지 어느덧 10년이 훌쩍 넘었어요. 그동안 많은 학생들을 만났고 또 그만큼 많은 질문을 받았습니다. 학생들이 저에게 자주 하는 질 문 부동의 1위는 바로 "선생님, … 이 말 영어로 어떻게 해요?"입니다. 질 문을 들어보면 '와, 이런 표현은 누구라도 궁금하겠는데!' 하는 감탄이 나올 때가 많습니다.

진짜 내가 쓸 말, 당장 말하고 싶은 100% 현실 영어회화

궁금한 영어 표현이 있어서 인터넷에 검색해 봤는데 뭔가 어색한 영어 문 장들만 나오고 어디 마땅히 물어볼 데 없는 그런 경험 있죠? "망했다", "싫으면 관둬", "신용카드 한도 초과", "나 결정 장애야", "쟤 코 했어", "2:8 머리 스타일"… 학생들이 궁금할 때마다 저에게 준 소중한 질문들 덕분에 '진짜 우리 생활 속 현실영어 빅데이터'를 차곡차곡 모을 수 있었어요. '영어의 생활화'를 하고 싶어도 원어민들이 많이 쓰는 표현, 선생님이 추천하는 영어를 내가 말할 일이 없다면 실천할 수 없잖아요. 매일 내 일상에서 쓰는 말, 궁금해서 속 터질 그런 표현들을 이 책에 꼭꼭 채웠습니다.

대화해보면 재치 넘치고 재미있는 학생들이 참 많습니다. 그런데 그 빛나는 유머감각과 매력이 영어로 말할 땐 빛을 잃곤 합니다. 영어와 우리말을 할 때 마치 다른 사람처럼 느껴지기도 해요. 영어권과 우리의 문화 차이를 이해하고, 상황별 미묘한 뉘앙스를 짚어낸 센스 넘치는 한 마디, 내 매력을 여과 없이 보여줄 표현을 알려 드릴게요. 대화문도 교과서 같은 예문이 아니라 일상에서 친구와 티키타카(Tiki-taka) 자연스럽게 주고받는 대화 그대로 가져왔습니다.

3천 명의 학습자들과 함께 만든 만화책보다 재밌는 영어책

혹시 영어책을 처음부터 끝까지 '완독'해본 적 있나요? 책을 살 때 망설이게 되는 이유는 '어차피 못 볼 거라는 슬픈 예감' 때문이죠. 책을 주문하고 받으면 처음엔 참 뿌듯합니다. 하지만 얼마 지나지 않아 책장 어디에 꽂혀 있는지 존재조차 잊게 되죠. 그래서 이 책은 독자가 첫 장부터 마지막 장까지 '100% 완독하는 영어책'을 목표로 만들었어요.

Fun! Fun! Fun! 무조건 재미있게! 중간에 책을 덮지 않고 끝까지 보려면 무엇보다 재미가 있어야 합니다. 평소에 내가 쓰는 말들, 평소 내 친구와 투닥투닥 나누는 이야기들을 반전의 묘미가 있는 유쾌한 대화에 담았습니다. 영희와 철수, 바둑이가 등장했던 추억의 교과서를 연상시키는 친근

하고 귀여운 바른생활 그림으로 재미를 더했고요. 그리고 학습자들이 정말 끝까지 공부할 만한지 사전체험단과 3,000명이 참여한 설문조사를 진행하며 구성을 보완, 완독률 100%의 학습 구성을 완성했습니다.

즐거운 영어생활, 오늘부터 1일입니다

영어를 못한다고 부끄럽게 생각하는 학생들이 많아요. 우리나라에서 태어나서 우리나라에서 교육 받았는데 영어를 못하는 게 부끄러운 건가요? 영어가 재미있으면 잘하려고 노력하면 되는 거고, 영어에 관심 없으면 영어가 내 앞길을 막지 않게 다른 쪽으로 열심히 하면 되는 거죠. 하지만 영어 사용자가 전 세계 인구의 3분 1, 영어를 함으로써 누구보다 마음이 잘 맞는 먼 나라 친구가 생기고 외국 여행하다가 기분 안 좋으면 속 시원하게 한마디 할 수도 있습니다.

소통과 경험의 확장이라는 면에서 '영어'란 언어를 추천합니다. 끝도 없는 가능성의 문이 열립니다. 영어에 관심 있는 누구나 쉽고 재미있게 다가설 수 있는 책을 만들어 모두가 즐거운 영어생활을 누릴 수 있도록 돕는 것이 제 오랜 바람이었습니다. 여러분의 즐거운 영어생활, 이 책을 펼쳐든 오늘부터가 1일이었으면 합니다.

제이정 올림

차 례

1 나 오늘 쇼핑각이야. · 12

2 결국 질렀구나! · 16

3 호갱 됐네. · 20

4 내 말 뭔 말인지 알지? · 24

5 너 새 차 뽑은 지 얼마 안 됐잖아. · 28

More Expressions 1 내 곁에 지름신 · 32

6 원 플러스 원 · 38

7 이번 달 카드 값 장난 아니겠어. · 42

8 나 신용카드 한도 초과야. · 46

9 이번 달 월급도 스쳐 지나가겠네. · 50

10 N빵 하자! · 54

More Expressions 2 나의 경제생활 · 58

11 맛집 추천 좀? · 64

12 지금 개봉한 영화 중에 볼 만한 거 있나? · 68

13 덕분에 기분 쥑인다. · 72

14 나한테 선택권이 없어. · 76

15 손에서 놓을 수가 없더라고. · 80

More Expressions 3 음식 · 영화 · 음악 · 책 관용표현 · 84

16 제2의 김연아 · 90

17 무슨 소린지 1도 모르겠다. · 94

18 사실 난 야구는 별로. · 98

19 난 매운 음식은 별로. · 102

20 미리 말하는데, 나 되게 잘 쳐. · 106

More Expressions 4 성향 및 취향 · 110

21 나 데리고 가면 안 돼? · 116

22 팁 좀 줘. · 120

23 입을 다물지 못할 정도로 멋져. (말잇못) · 124

24 부담 주기 싫어서 그래. · 128

25 김철수로 예약했는데요. · 132

More Expressions 5 여행 1 · 136

26 나 결정장애야. · 140

27 저희 여기 줄 서 있는 건데요. · 144

28 나 계속 비몽사몽이야. 아직 시차적응이 안 돼서. · 148

29 너 요즘 좀 빠듯하니? · 152

30 (햇볕에) 엄청 탔네! · 156

More Expressions 6 여행 2 · 160

30일 동안 하루 하나씩 표현을 익히는 본 책과 빈틈없는 연습으로 회화 실력을 견고하게 다져줄 연습장으로 구성되어 있습니다. 학습자의 목적과 편의에 맞게 간편하게 2권으로 분권됩니다.

본 책

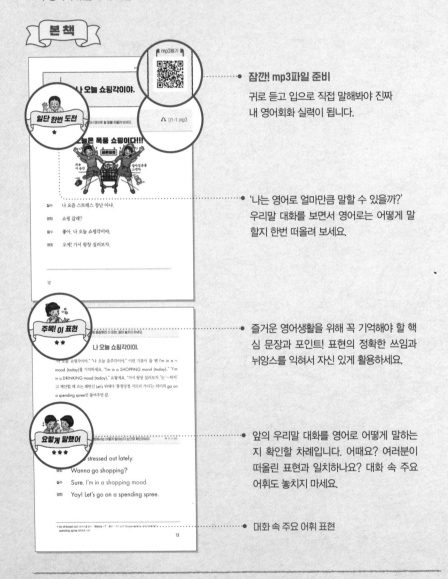

잠깐! mp3파일 준비

귀로 듣고 입으로 직접 말해봐야 진짜 내 영어회화 실력이 됩니다.

'나는 영어로 얼마만큼 말할 수 있을까?'

우리말 대화를 보면서 영어로는 어떻게 말할지 한번 떠올려 보세요.

즐거운 영어생활을 위해 꼭 기억해야 할 핵심 문장과 포인트! 표현의 정확한 쓰임과 뉘앙스를 익혀서 자신 있게 활용하세요.

앞의 우리말 대화를 영어로 어떻게 말하는지 확인할 차례입니다. 어때요? 여러분이 떠올린 표현과 일치하나요? 대화 속 주요 어휘도 놓치지 마세요.

대화 속 주요 어휘 표현

한 문장씩 잘 듣고 따라 하면서 입에 착 붙이세요. 모든 문장은 천천히 1번, 원어민들이 실제 말하는 속도로 2번, 총 3번 반복됩니다.

대화의 주인공이 되었다고 상상하면서 feel 충만하게, 느낌 팍팍 살려서 말해보세요. mp3파일에서 여러분이 말할 차례가 되면 잠깐의 시간(pause)이 주어집니다.

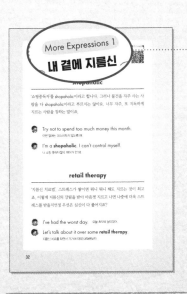

더 많은 표현을 알고 싶은 분들을 위해 준비한 코너. 여러분의 영어생활을 더 풍성하게 만들 유용하고 Hot한 표현들을 놓치지 마세요.

본 책을 공부했는데 여전히 영어와 썸 타는 느낌인가요? 부담은 빼고 재미는 더한 영어회화 연습장으로 내 거인 듯 내 거 아닌 표현들을 진짜 나의 표현으로 만드세요!

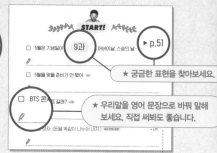

영어표현 자동암기 카드 •

입에서 바로 나와야, 상대가 말했을 때 알아들어야 진짜 내 실력이죠. 휴대가 간편하고 mp3도 들을 수 있는 암기카드로 언제 어디서나 즐겁게 연습하세요.

영어회화 최종점검 인덱스 •

이 책의 표현들을 가나다순으로 정리했어요. 향상된 회화 실력을 점검하는 [복습용], 궁금한 표현만 콕 집어 검색하는 [찾아보기용]으로 학습 목적에 맞게 활용하세요.

mp3파일 듣는 법

❶ QR코드

휴대폰의 QR코드 리더기로 스캔하면 mp3파일을 바로 들을 수 있는 페이지가 나옵니다.

❷ 길벗 홈페이지

홈페이지에서 도서명을 검색하면 mp파일 다운로드 및 바로 듣기가 가능합니다.

❸ 콜롬북스 어플

휴대폰에 콜롬북스 앱을 설치한 후 도서명을 검색하세요.

의 **즐거운 영어생활**

1 | 나 오늘 쇼핑각이야.

mp3듣기

일단 한번 도전 우리말을 보면서 영어로 할 말을 떠올려 보세요. 🎧 01-1.mp3

오늘은 폭풍 쇼핑이다!!!

바른마트

지금 이 순간

살아있음을 느낀다

철수   나 요즘 스트레스 장난 아냐.

영희   쇼핑 갈래?

철수   좋아. 나 오늘 쇼핑각이야.

영희   오예! 가서 왕창 질러보자.

나 오늘 쇼핑각이야.

"나 오늘 쇼핑각이야." "나 오늘 음주각이야." 이런 기분이 들 땐 I'm in a ~ mood (today)를 기억하세요. "I'm in a SHOPPING mood (today)." "I'm in a DRINKING mood (today)." 요렇게요. "가서 왕창 질러보자."는 '~하자'고 제안할 때 쓰는 패턴인 Let's 뒤에다 '흥청망청 지르러 가다'는 의미의 go on a spending spree만 붙여주면 끝.

요렇게 말했어 ★★★ 실제 대화에서는 어떻게 말하는지 눈으로 확인하세요. 🎧 01-2.mp3

철수 I'm so stressed out lately.

영희 Wanna go shopping?

철수 Sure. I'm in a shopping mood.

영희 Yay! Let's go on a spending spree.

---

* be stressed out 스트레스를 받다 | Wanna ~? ~할래? ~하고 싶어? (Do you want to ~?의 구어체 표현) |
spending spree 흥청망청 지르기

[천천히 1번~ 실제 속도로 2번~]

철수   I'm so stressed out lately.

나 요즘 스트레스 장난 아냐.

영희   Wanna go shopping?

쇼핑 갈래?

철수   Sure. I'm in a shopping mood.

좋아. 나 오늘 쇼핑각이야.

영희   Yay! Let's go on a spending spree.

오예! 가서 왕창 질러보자.

넌 지금부터 철수

[필 충만하게~ 느낌 팍팍 살려~]

 나 요즘 스트레스 장난 아냐.

영희   Wanna go shopping?

 좋아. 나 오늘 쇼핑각이야.

영희   Yay! Let's go on a spending spree.

넌 지금부터 영희

철수   I'm so stressed out lately.

 쇼핑 갈래?

철수   Sure. I'm in a shopping mood.

 오예! 가서 왕창 질러보자.

2 | 결국 질렀구나!

 우리말을 보면서 영어로 할 말을 떠올려 보세요. 🔊 02-1.mp3

휘어 이~
물렀거라~
새 폰 나가신다

와아!!!

영희	나 핸드폰 샀어!
철수	오, **결국 질렀구나!** 써보니까 어때?
영희	아직은 사용법 익히는 중이야.
철수	나 좀 봐도 돼?

결국 질렸구나!

'결국 질렸다'는 '결국엔 사버렸다'는 의미. '결국 ~하고 말았다'는 식의 말은 end up -ing라는 유명한 숙어 표현을 이용합니다. 상대방에게 "결국 질렸구나!"라고 하려면 You ended up buying it!이라고 하면 되죠. "그 물건 지금까지 (써보니까) 어때요?" "이사간 집 지금까지 (살아보니까) 어때요?" 요렇게 묻고 싶을 때는 How do you like it so far? 한 문장으로 다 해결돼요!

요렇게 말했어 ★★★

실제 대화에서는 어떻게 말하는지 눈으로 확인하세요. ∩ 02-2.mp3

영희   I bought a phone!

철수   Oh, you ended up buying it! How do you like it so far?

영희   I'm still learning how to use it.

철수   Can I see?

＊ so far 지금까지 | how to use ~ ~를 어떻게 사용하는지, ~를 사용하는 방법 | Can I see? 좀 봐도 돼? (별 목적 없이 일반적으로 하는 말)
　 cf. Can I take a look? 좀 봐도 돼? ('고쳐줄게', '앱 다운 받아줄게' 등의 목적이 담긴 말)

[천천히 1번~ 실제 속도로 2번~]

영희 **I bought a phone!**

나 핸드폰 샀어!

철수 **Oh, you ended up buying it! How do you like it so far?**

오, 결국 질렀구나! 써보니까 어때?

영희 **I'm still learning how to use it.**

아직은 사용법 익히는 중이야.

철수 **Can I see?**

나 좀 봐도 돼?

[필 충만하게~ 느낌 팍팍 살려~]

넌 지금부터 영희

  나 핸드폰 샀어!

철수 Oh, you ended up buying it! How do you like it so far?

  아직은 사용법 익히는 중이야.

철수 Can I see?

넌 지금부터 철수

영희 I bought a phone!

  오, 결국 질렀구나! 써보니까 어때?

영희 I'm still learning how to use it.

  나 좀 봐도 돼?

3 | 호갱 됐네.

일단 한번 도전

우리말을 보면서 영어로 할 말을 떠올려 보세요.　🎧 03-1.mp3

아이고~ 바가지 썼네~

철수　나 핸드폰 샀어!

영희　오! 내 거랑 똑같네. 그 모델 가성비 정말 최고!

철수　내 거는 특별 세일 행사에서 40만원이었어.

영희　야, 내 건 25만원이었어. **호갱 됐네.**

호갱 됐네. (바가지 제대로 썼네.)

get ripped off는 '바가지를 쓰다'는 의미(rip off는 '바가지를 씌우다'). 따라서 "너 바가지 썼어."는 You got ripped off.라고 하면 되죠. 요 말만으론 어감이 부족하다~ 싶을 땐 뒤에 big time을 덧붙여 보세요. '제대로', '크게' 바가지 썼다는 의미가 됩니다. 한마디로 "호갱 됐다."는 거죠.

요렇게 말했어 실제 대화에서는 어떻게 말하는지 눈으로 확인하세요. ∩ 03-2.mp3

철수 I just got a new phone!

영희 Oh! It's the same one I have. That model is really the biggest bang for your buck.

철수 I got mine for 400,000 won during a special sale event.

영희 Dude, mine was 250,000 won. You got ripped off big time.

＊ get 여기서는 '사다'의 뜻 | the biggest bang for your buck 소비한 돈에 비해 최고, 즉 '가성비 최고'란 의미 (여기서 bang은 '너무 좋은 것', buck은 '돈'을 의미) | dude (친한 사이에 사용하는 호칭) 이 녀석아, 이 놈아, 이 친구야

[천천히 1번~ 실제 속도로 2번~]

철수   I just got a new phone!

나 핸드폰 샀어!

영희   Oh! It's the same one I have. That model is really the biggest bang for your buck.

오! 내 거랑 똑같네. 그 모델 가성비 정말 최고!

철수   I got mine for 400,000 won during a special sale event.

내 거는 특별 세일 행사에서 40만원이었어.

영희   Dude, mine was 250,000 won. You got ripped off big time.

야, 내 건 25만원이었어. 호갱 됐네.

[필 충만하게~ 느낌 팍팍 살려~]

넌 지금부터 철수

 나 핸드폰 샀어!

영희   Oh! It's the same one I have. That model is really the biggest bang for your buck.

 내 거는 특별 세일 행사에서 40만원이었어.

영희   Dude, mine was 250,000 won. You got ripped off big time.

넌 지금부터 영희

철수   I just got a new phone!

 오! 내 거랑 똑같네. 그 모델 가성비 정말 최고!

철수   I got mine for 400,000 won during a special sale event.

 야, 내 건 25만원이었어. 호갱 됐네.

4 | 내 말 뭔 말인지 알지?

🎵 mp3듣기

일단 한번 도전

우리말을 보면서 영어로 할 말을 떠올려 보세요.   🎧 04-1.mp3

영희   가을 옷 좀 사야겠어.

철수   옷장 넘쳐나는구만 뭘.

영희   근데 입을 게 없어. **뭔 말인지 알지?**

철수   아니. 잘 모르겠는데.

(내 말) 뭔 말인지 알지?

내 말을 상대방이 알아들었는지 궁금할 때 쓰는 말이 (Do) You know what I mean?입니다. 이때 No, not really. 또는 I don't really know what you mean.이라고 대답한다면 표정이나 상황에 따라 장난스러운 답변이 될 수도 있고, 진짜 이해를 못한 상황이 될 수도 있겠습니다.

요렇게 말했어 ★★★ 실제 대화에서는 어떻게 말하는지 눈으로 확인하세요. ∩ 04-2.mp3

영희 I need to buy some fall clothes.

철수 Your closet is overflowing.

영희 But there's nothing to wear. You know what I mean?

철수 No. Not really.

---

* closet (붙박이) 옷장 | overflow 넘쳐흐르다

[천천히 1번~ 실제 속도로 2번~]

영희 I need to buy some fall clothes.

가을 옷 좀 사야겠어.

철수 Your closet is overflowing.

옷장 넘쳐나는구만 뭘.

영희 But there's nothing to wear. You know what I mean?

근데 입을 게 없어. 뭔 말인지 알지?

철수 No. Not really.

아니. 잘 모르겠는데.

접신 롤플레이
★★★★★ 대화 속 주인공이 되었다고 상상하면서 말해보세요. 04-4.mp3

[필 충만하게~ 느낌 팍팍 살려~]

넌 지금부터 영희

 가을 옷 좀 사야겠어.

철수　Your closet is overflowing.

 근데 입을 게 없어. 뭔 말인지 알지?

철수　No. Not really.

넌 지금부터 철수

영희　I need to buy some fall clothes.

 옷장 넘쳐나는구만 뭘.

영희　But there's nothing to wear. You know what I mean?

 아니. 잘 모르겠는데.

27

5 | 너 새 차 뽑은 지 얼마 안 됐잖아.

mp3듣기

일단 한번 도전 ★

우리말을 보면서 영어로 할 말을 떠올려 보세요.

🎧 05-1.mp3

김대리	조만간 차 사려고.
이대리	**너 새 차 뽑은 지 얼마 안 됐잖아.**
김대리	애들 크니까 큰 차가 필요해서 SUV로 사려고.
이대리	아, 그렇구나.

너 새 차 뽑은 지 얼마 안 됐잖아.

'~한 지 얼마 안 됐다'는 말을 어떻게 하면 될까요? 사실 간단해요. not too long ago라는 표현만 알면 되거든요. '그렇게 오래되지 않은', 즉 '얼마 안 된'이란 말인 거죠. 요걸 과거형 문장에 딱 갖다 붙이기만 하면 돼요. 그래서 "나 영어공부 시작한 지 얼마 안 됐어."는 I began studying English not too long ago.

요렇게 말했어

실제 대화에서는 어떻게 말하는지 눈으로 확인하세요.   🎧 05-2.mp3

김대리 I'm going to get a car soon.

이대리 You bought a new car not too long ago.

김대리 The kids are getting bigger so I need an SUV.

이대리 Oh, I see.

＊ get 여기서는 '사다'의 뜻 | get bigger 더 커지다, 성장하다 | SUV 레저용 차량 (sport utility vehicle)

[천천히 1번~ 실제 속도로 2번~]

김대리 I'm going to get a car soon.

조만간 차 사려고.

이대리 You bought a new car not too long ago.

너 새 차 뽑은 지 얼마 안 됐잖아.

김대리 The kids are getting bigger so I need an SUV.

애들 크니까 큰 차가 필요해서 SUV로 사려고.

이대리 Oh, I see.

아, 그렇구나.

[필 충만하게~ 느낌 팍팍 살려~]

넌 지금부터 김대리

   조만간 차 사려고.

이대리   You bought a new car not too long ago.

   애들 크니까 큰 차가 필요해서 SUV로 사려고.

이대리   Oh, I see.

넌 지금부터 이대리

김대리   I'm going to get a car soon.

   너 새 차 뽑은 지 얼마 안 됐잖아.

김대리   The kids are getting bigger so I need an SUV.

   아, 그렇구나.

More Expressions 1
내 곁에 지름신

shopaholic

'쇼핑중독자'를 shopaholic이라고 합니다. 그러나 물건을 자주 사는 사람을 다 shopaholic이라고 부르지는 않아요. 너무 자주, 또 지독하게 지르는 사람을 칭하는 말이죠.

Try not to spend too much money this month.
이번 달에는 과소비하지 않도록 해.

I'm a shopaholic. I can't control myself.
나 쇼핑 중독자잖아. 제어가 안 돼.

retail therapy

'지름신 치료법'. 스트레스가 쌓이면 뭐니 뭐니 해도 지르는 것이 최고죠. 이렇게 지름신의 강림을 받아 마음껏 지르고 나면 나중에 더욱 스트레스를 받을지언정 우선은 심신이 다 풀어지죠?

I've had the worst day. 오늘 최악의 날이었어.

Let's talk about it over some retail therapy.
지름신 치료를 하면서 거기에 대해 대화해보자.

Let's shop till we drop.

쇼핑을 마라톤처럼 하는 이들도 있습니다. 다리가 퉁퉁 부어도, 배가 고파도 포기하지 않죠. 지구 끝까지 쇼핑하고 싶을 때 친구에게 말해보세요. Let's shop till we drop! "쓰러질 때까지 쇼핑하자!"

Let's go shopping.　쇼핑 가자.

Perfect, I have the whole day off. **Let's shop till we drop.**

완전 좋아. 나 오늘 스케줄 없어. 쓰러질 때까지 쇼핑하자.

bargain hunting

'싼 게 비지떡'이란 말도 있지만 요즘은 '득템'이라고 하죠. '득템하기 위해 발품 파는 것'을 바로 bargain hunting이라 합니다. '득템을 잘하는 사람'은 bargain hunter라고 부르죠.

I'm seriously low on cash, but I really need a new shirt.

나 요즘 진짜 돈 없는데 새 셔츠 하나가 필요해.

Sounds like it's time to go **bargain hunting**.

발품 좀 팔아서 득템할 시기가 왔군.

＊go -ing　~하러 가다

33

killer deal

사람 마음을 죽여줄 정도로 싸게 파는 가격, 즉 '정상가에서 파격적으로 할인된 가격'을 killer deal이라 합니다.

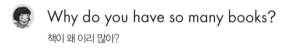 **Why do you have so many books?**
책이 왜 이리 많아?

There was a big sale. I got a killer deal.
파격 세일이 있었거든. 정말 싸게 샀어.

get a refund

'환불 받다'를 get a refund라고 합니다. 단어 하나 하나를 분리해서 생각하고 연습하면 오히려 관사가 빠진다거나 이런 실수가 나올 확률이 높아집니다. get a refund 통째로 연습하세요~!

 **You look hideous. Get a refund for that shirt.**
너 완전 이상해. 그 셔츠 환불해라.

 **I think you should get a refund for your personality.**
네 성격을 환불해야 할 것 같은데.

* hideous 흉측한, 추한

try it on

'~을 입어보다'는 try ~ on 혹은 try on ~이라 합니다. 친구에게 Try it on.이라 말하면 "그거 한번 입어봐."라는 뜻이에요. 신발, 가발, 화장품, 가방 등 몸에 닿는 무엇에라도 사용할 수 있는 표현입니다.

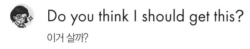 Do you think I should get this?
이거 살까?

I don't know. **Try it on** and see if you like it.
모르겠네. 마음에 드는지 한번 입어봐.

I'm just browsing.

쇼핑을 하다 보면 직원이 와서 Can I help you? / Do you need help?(도와 드릴까요?)라고 묻습니다. 그럴 때는 Yes, please. I'm looking for ~(네, 저는 ~를 찾고 있어요) 혹은 I'm just browsing.(그냥 둘러보는 중이에요.)이라고 답할 수 있겠습니다.

Are you looking for anything in particular?
특별히 찾는 게 있으신가요?

Not really. **I'm just browsing.**
그런 건 아니고요. 그냥 구경하고 있어요.

not worth a cent

"줘도 안 입어." "줘도 안 가져."라 말하고 싶은 것들이 있지요. 이럴 땐 영어로 not worth a cent '1센트의 가치도 없는'이라는 표현을 이용해 보세요. cent 앞에 single을 붙이면 '단 1센트의 가치도 없는'이라고 어감이 더욱 강조됩니다.

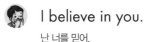
I believe in you.
난 너를 믿어.

Your faith in me is **not worth a single cent**.
너의 신뢰 따위는 나에게 단 1센트의 가치도 없어.

in the black / in the red

'흑자인' 상황은 in the black, '적자인' 상황은 in the red라 합니다. 컴퓨터가 나오기 전에 회계사들이 종이와 잉크로 내용을 기재했던 때에 나온 표현이라는데요, 흑자는 검은색, 적자는 빨간색 잉크를 사용했다고 해요.

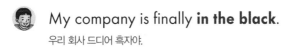
My company is finally **in the black**.
우리 회사 드디어 흑자야.

Congratulations!
축하해!

spend like a sailor

'돈을 물 쓰듯 쓰다'라는 뜻입니다. sailor(뱃사람, 선원)가 오랫동안 바다 생활을 하다가 육지에 나오면 돈을 많이 쓴다 하여 생긴 표현입니다. spend money like a drunken sailor라 할 수도 있는데요, 그냥 sailor 도 돈을 많이 쓰는데 술 취한 sailor는 더하겠죠? 표현 속에 money는 넣어도 되고 빼도 됩니다.

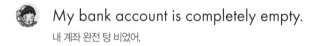

My bank account is completely empty.
내 계좌 완전 텅 비었어.

You have to stop **spending money like a drunken sailor**.
너 그렇게 돈 펑펑 쓰는 거 그만해야 돼.

Don't spend it all in one place.

엄마가 한 달 용돈 오만 원을 주시며 "아껴 써."라 하시죠. 한 번에 다 써버리지 말라는 의미인데요, 돈 내기를 해서 졌을 때 오백 원을 건네며 Don't spend it all in one place.라고 말하면 센스쟁이! ^^

Here's your allowance for the month.
당신 이번 달 용돈이야.

Thanks. **I won't spend it all in one place.**
고마워. 아껴 쓸게.

6 | 원 플러스 원

 mp3듣기

 일단 한번 도전 우리말을 보면서 영어로 할 말을 떠올려 보세요. 🎧 06-1.mp3

철수   장보러 갈 건데. 필요한 거 있어?

영희   우유 다 떨어졌어.

철수   알았어. 뭐 더 필요한 건 없어?

영희   그게 다야. 원 플러스 원으로 사와.

원 플러스 원

하나 사면 하나는 공짜가 바로 '원 플러스 원'이죠? 1 + 1 = 2니까, 맞는 말 같은데, 유감스럽게도 영어로는 buy one, get one free라고 한답니다. 바로 뒤에 나오는 kind(종류)나 sale(세일) 등을 꾸며주는 구실을 할 때는 낱말 사이에 hyphen(하이픈)을 넣어, buy-one-get-one-free kind라고 표기해주는 것이 좋습니다.

요렇게 말했어 실제 대화에서는 어떻게 말하는지 눈으로 확인하세요.   ∩ 06-2.mp3

철수   I'm going grocery shopping. Do you need anything?

영희   We're out of milk.

철수   Alright. Anything else?

영희   That's it. Get the buy-one-get-one-free kind.

---

* go grocery shopping 식료품을 사러 가다 ㅣ be out of ~ ~가 다 떨어지다 ㅣ Anything else? 다른 건 뭐 없나? ㅣ That's it. 그게 다야.

39

[천천히 1번~ 실제 속도로 2번~]

철수   I'm going grocery shopping. Do you need anything?

장보러 갈 건데. 필요한 거 있어?

영희   We're out of milk.

우유 다 떨어졌어.

철수   Alright. Anything else?

알았어. 뭐 더 필요한 건 없어?

영희   That's it. Get the buy-one-get-one-free kind.

그게 다야. 원 플러스 원으로 사와.

[필 충만하게~ 느낌 팍팍 살려~]

넌 지금부터 철수

 장보러 갈 건데. 필요한 거 있어?

영희 We're out of milk.

 알았어. 뭐 더 필요한 건 없어?

영희 That's it. Get the buy-one-get-one-free kind.

넌 지금부터 영희

철수 I'm going grocery shopping. Do you need anything?

 우유 다 떨어졌어.

철수 Alright. Anything else?

 그게 다야. 원 플러스 원으로 사와.

41

mp3듣기

7 | 이번 달 카드 값 장난 아니겠어.

일단 한번 도전

우리말을 보면서 영어로 할 말을 떠올려 보세요.

🎧 07-1.mp3

카드의 노예

누구를 탓하리…

철수 　 신발 너무 예쁘다! 어디서 산 거야?

영희 　 인터넷쇼핑으로. 반값에 샀어.

철수 　 너 저번 주에도 신발 몇 개 사지 않았어?

영희 　 맞아, **이번 달 카드 값 장난 아니겠어.**

이번 달 카드 값 장난 아니겠어.

카드 값이 장난 아니라는 말은 타격이 클 거라는 얘기죠. 이럴 때는 ~ is going to hurt(~ 타격이 클 거다)라는 표현을 쓰면 돼요. hurt는 육체적인 고통뿐 아니라 정신적이나 금전적인 타격에도 쓸 수 있거든요. 주어 자리에 넣어줄 '이번 달 카드 값'은 My credit card payment this month. 우리말로는 그냥 '카드'라고 하면 맥락상 다 알지만 영어로는 credit card라고 '신용카드'임을 명확하게 밝혀주세요~.

요렇게 말했어 ★★★   실제 대화에서는 어떻게 말하는지 눈으로 확인하세요.   ∩ 07-2.mp3

철수   I love your shoes! Where did you buy them?

영희   Online. They were 50% off.

철수   Didn't you buy several pairs last week, too?

영희   Yeah, my credit card payment this month is going to hurt.

---

* online 온라인으로, 인터넷으로 | 50% off 반값 할인

43

[천천히 1번~ 실제 속도로 2번~]

철수 I love your shoes! Where did you buy them?

신발 너무 예쁘다! 어디서 산 거야?

영희 Online. They were 50% off.

인터넷쇼핑으로. 반값에 샀어.

철수 Didn't you buy several pairs last week, too?

너 저번 주에도 신발 몇 개 사지 않았어?

영희 Yeah, my credit card payment this month is going to hurt.

맞아, 이번 달 카드 값 장난 아니겠어.

〔 필 충만하게~ 느낌 팍팍 살려~ 〕

넌 지금부터 철수

 신발 너무 예쁘다! 어디서 산 거야?

영희 Online. They were 50% off.

 너 저번 주에도 신발 몇 개 사지 않았어?

영희 Yeah, my credit card payment this month is going to hurt.

넌 지금부터 영희

철수 I love your shoes! Where did you buy them?

 인터넷쇼핑으로. 반값에 샀어.

철수 Didn't you buy several pairs last week, too?

 맞아, 이번 달 카드 값 장난 아니겠어.

8 나 신용카드 한도 초과야.

 우리말을 보면서 영어로 할 말을 떠올려 보세요. △ 08-1.mp3

덮어놓고 긁다보니
한도 초과 쯧쯧쯧

철수　　나 신용카드 한도 초과야.

영희　　그래서, 이제 어쩌려고? 현금 가진 건 없어?

철수　　실은, 통장잔고도 바닥이야.

영희　　너 어쩌려고 그래?

나 신용카드 한도 초과야.

신용카드 한도를 다 써버려서 더 이상 사용할 수 없는데, 다음 월급날까지 무려 27일이나 남아 있는 경험 다들 해보셨나요~? 참, 이럴 때 답 안 나오죠. 한도를 꽉 채워서 다 써버렸을 때 I maxed out my credit card!라고 말합니다. '신용카드 한도 최대치를 꽉 채웠다'는 의미죠.

요렇게 말했어
★ ★ ★

실제 대화에서는 어떻게 말하는지 눈으로 확인하세요.   ∩ 08-2.mp3

철수   I maxed out my credit card.

영희   So, now what? Do you have any cash?

철수   Actually, my bank account is empty, too.

영희   What are you gonna do?

---

* max out 최고치에 달하다 | Now what? 이번엔 또 무슨 일이야? 이제 어쩌려고? | bank account 은행 계좌

47

[천천히 1번~ 실제 속도로 2번~]

철수 I maxed out my credit card.

나 신용카드 한도 초과야.

영희 So, now what? Do you have any cash?

그래서, 이제 어쩌려고? 현금 가진 건 없어?

철수 Actually, my bank account is empty, too.

실은, 통장잔고도 바닥이야.

영희 What are you gonna do?

너 어쩌려고 그래?

접신 롤플레이 ★★★★★ 대화 속 주인공이 되었다고 상상하면서 말해보세요. 🎧 08-4.mp3

[필 충만하게~ 느낌 팍팍 살려~]

넌 지금부터 철수

 나 신용카드 한도 초과야.

영희 So, now what? Do you have any cash?

 실은, 통장잔고도 바닥이야.

영희 What are you gonna do?

넌 지금부터 영희

철수 I maxed out my credit card.

 그래서, 이제 어쩌려고? 현금 가진 건 없어?

철수 Actually, my bank account is empty, too.

 너 어쩌려고 그래?

49

9 | 이번 달 월급도 스쳐 지나가겠네.

mp3듣기

일단 한번 도전

우리말을 보면서 영어로 할 말을 떠올려 보세요.   ∩ 09-1.mp3

영희   5월을 맞을 준비가 안 됐어.

철수   회사가 바빠?

영희   5월은 기념일이 많잖아. 어린이날, 어버이날,
       스승의 날…

철수   이번 달 월급도 스쳐 지나가겠네.

이번 달 월급도 스쳐 지나가겠네.

There goes ~라 하면 '~은 글렀다'라는 의미. 저녁에 첫 데이트 있는데, 상사가 오늘까지 끝내라고 일을 잔뜩 주면 동료가 이렇게 말합니다. There goes your first date.(너 첫 데이트 좋났다.) "(이번 달) 네 월급 다 날아가겠네."도 There goes를 이용해 There goes your salary.라고 하면 됩니다. 돈 얘기할 때 자주 쓰는 Don't break the bank!란 표현도 있는데, '은행을 부수지 마라!' 가 아니고요~ "돼지 저금통(piggy bank)을 깨지 마라!" 즉, 돈을 너무 많이 쓰지 마라는 조언이랍니다.

요롷게 말했어 ★★★   실제 대화에서는 어떻게 말하는지 눈으로 확인하세요.   ♫ 09-2.mp3

영희   I'm not ready for May.

철수   Busy at work?

영희   May is full of holidays: Children's Day, Parents' Day, Teacher's Day...

철수   There goes your salary.

＊ be full of ~ ~이 잔뜩 있다 | holiday 기념일, 휴일

51

[천천히 1번~ 실제 속도로 2번~]

영희   I'm not ready for May.

5월을 맞을 준비가 안 됐어.

철수   Busy at work?

회사가 바빠?

영희   May is full of holidays: Children's
Day, Parents' Day, Teacher's Day...

5월은 기념일이 많잖아. 어린이날, 어버이날,
스승의 날…

철수   There goes your salary.

이번 달 월급도 스쳐 지나가겠네.

[필 충만하게~ 느낌 팍팍 살려~]

넌 지금부터 영희

 5월을 맞을 준비가 안 됐어.

철수 Busy at work?

 5월은 기념일이 많잖아. 어린이날, 어버이날,
스승의 날…

철수 There goes your salary.

넌 지금부터 철수

영희 I'm not ready for May.

 회사가 바빠?

영희 May is full of holidays: Children's Day,
Parents' Day, Teacher's Day...

 이번 달 월급도 스쳐 지나가겠네.

10 | N빵 하자!

mp3듣기

우리말을 보면서 영어로 할 말을 떠올려 보세요.

🎧 10-1.mp3

철수   나 요즘 진짜 돈 없어.

영희   시끄럽고. 저번에 내가 냈잖아. 이번에는 네가 내.

철수   저번에는 내 생일이어서 네가 산 거고.

영희   좋아, 그렇다면. N빵 하자.

N빵 하자!

이 말은 돈을 나눠서 내자는 뜻이잖아요. Let's split the bill.이란 표현으로 간 단히 해결됩니다. Let's go Dutch.(더치페이하자.)라고도 할 수 있는데 약간 의 미 차이가 있어요. Let's split the bill.은 "돈을 똑같이 나누어 내자."는 의미지 만, Let's go Dutch.는 "각자 먹은 만큼 내자."는 뜻이니까요.

요렇게 말했어 ★★★ 실제 대화에서는 어떻게 말하는지 눈으로 확인하세요. 🎧 10-2.mp3

철수 I'm seriously low on cash these days.

영희 Whatever. I treated you last time. You get the bill this time.

철수 You treated me because it was my birthday.

영희 Alright then. Let's split the bill.

---

* I'm low on cash. 나 돈 없어. | Whatever. 아무튼, 그렇든가 말든가. | get the bill 계산하다 (bill은 '계산서')

[천천히 1번~ 실제 속도로 2번~]

철수 I'm seriously low on cash these days.

나 요즘 진짜 돈 없어.

영희 Whatever. I treated you last time. You get the bill this time.

시끄럽고. 저번에 내가 냈잖아. 이번에는 네가 내.

철수 You treated me because it was my birthday.

저번에는 내 생일이어서 네가 산 거고.

영희 Alright then. Let's split the bill.

좋아, 그렇다면. N빵 하자.

56

[필 충만하게~ 느낌 팍팍 살려~]

넌 지금부터 철수

 나 요즘 진짜 돈 없어.

영희 Whatever. I treated you last time. You get the bill this time.

 저번에는 내 생일이어서 네가 산 거고.

영희 Alright then. Let's split the bill.

넌 지금부터 영희

철수 I'm seriously low on cash these days.

 시끄럽고. 저번에 내가 냈잖아. 이번에는 네가 내.

철수 You treated me because it was my birthday.

 좋아, 그렇다면. N빵 하자.

More Expressions 2
나의 경제생활

chip in

'돈을 내다(pay), 돈을 주다(give), 돈을 받다(get, receive)' 다 다른 의미이지요. 그럼 '돈을 보태다'는 뭘까요? 바로 chip in. 알았으면 마구 활용해보아요.

 Thanks for dinner. I'll wait outside.
저녁 고마워. 밖에서 기다릴게.

 Hey, why don't you **chip in** for once?
야, 한 번이라도 돈 좀 보태볼래?

I'm broke.

주머니를 털어도 먼지밖에 나오지 않을 때 사용하는 표현이죠. "난 완전 거지야." "나 빈털터리야."라는 의미입니다. broken 아니고 broke이니 유의하세요.

 Let's ask Cheolsu to chip in.   철수한테 돈 좀 보태라 하자.

 He's totally **broke** these days.
걔 요즘 완전 돈 없어.

Money talks.

돈이 많으면 인생이 편해질까요? 나도 모르게 "네!"라고 크게 답하셨나요? '돈이 많으면 살기 편리하다, 돈이 있으면 안 되는 게 없다'를 간단하게 Money talks!라 합니다. 돈이 말을 한대요. 느낌 오죠?

Yeonghui always gets what she wants.
영희는 원하는 건 다 갖더라.

You probably know this already, but **money talks.**
아마 너도 이미 알겠지만, 돈이면 다 돼.

* '영희'는 한글 영어 표기법을 따라 Yeonghui로 표기했습니다.

cost an arm and a leg

뭔가를 사려고 팔다리를 잘라주는 사람이야 없겠지만, 아주 비싼 것에 대해 말할 때, '이거 사려고 팔과 다리를 줬다'라는 재미있는 표현이 있답니다.

Did you get a new phone?
새 폰 샀어?

Yeah, but it **cost an arm and a leg**.
응, 근데 이거 무지막지하게 비싸더라.

easy money

'쉽게 번 돈'은 말 그대로 easy money라 합니다. 쉽게 버는 돈은 쉽게 나간다고도 하죠? 이럴 때는 "쉽게 들어오면 쉽게 나간다."는 의미의 Easy come, easy go.를 쓰면 됩니다.

How's work?
일은 어때?

Alright I guess. There's no such thing as **easy money.**
뭐 괜찮은 것 같기도 하고, 남의 돈 버는 게 쉽진 않지.

save up

'저축하다'를 save up이라 합니다. money라는 단어가 들어가지 않아도 돼요. 물론 들어가도 되고요. "넌 저축을 시작해야 해. 이제 저축 좀 해라."라고 조언하고 싶다면 You need to start saving up. 혹은 You need to start saving up some money. 둘 다 OK!

Wanna go out to eat?
외식할까?

I'll pass. I'm trying to **save up** for a trip.
난 패스할게. 여행 가려고 돈 모으는 중이거든.

make a killing

우리는 '떼돈을 번다'라고 하지만, 영어로는 killing을 사용해서 make a killing이라 합니다. 영어는 뭔가 엄청난 것을 얘기할 때 killer나 killing 을 애용하는 습관이 있는 것 같죠?

 I heard you **made a killing** on the stock market.
주식 해서 떼돈 벌었다며?

 Actually, I lost my house.
그게 말이지, 나 집 날렸어.

at all costs

at all costs는 직역을 하면 '얼마가 들더라도'이지만, '삼수갑산을 가더 라도, 무슨 수를 써서라도'라는 의미로 쓰입니다.

 I'm gonna marry her **at all costs**.
무슨 수를 써서라도 그 애와 결혼할 거야.

 Dude, she's married.
야, 걔 유부녀야.

bring home the bacon

요즘은 클릭 한 번이면 무엇이든 집으로 배달이 되지만 예전에는 부모님이 퇴근하는 길에 저녁거리를 사오시곤 했죠. 우리나라에서는 돼지고기 한 근(상황 좋을 때에는 소고기)이라면 영어권 나라에서는 베이컨! '베이컨을 집에 가져오다'는 '가족을 부양하다'라는 의미입니다.

 You work too much. 너는 일을 너무 많이 해.

 Well, I'm still young and I have to **bring home the bacon**. 뭐 아직 젊기도 하고, 가족도 먹여 살려야 하니까.

cheapskate

'짠돌이', '짠순이'를 cheapskate라 부릅니다. 동일한 의미로 〈**누구** has short arms and long pockets.(누구는 팔은 짧은데 주머니가 길다.)〉가 있죠. 주머니가 깊숙해서 손이 돈에 닿지 않으니 돈 쓰기를 꺼려한다는 의미이죠.

 Do you think we should invite Dongsu?
동수 오라고 할까?

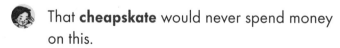 That **cheapskate** would never spend money on this.
그 짠돌이가 이런 거에 절대 돈 쓸 리가 없지.

have money to burn

'불로 태워도 될 만큼 돈이 많다', 그러니까 '아주 부자다'라는 뜻입니다.
농담처럼 사용할 수도 있어요. "오늘 아침에 용돈 받아서 나 오늘(만)
엄청 부자야." 이런 식으로요! ^^

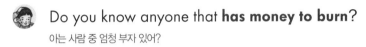 Do you know anyone that **has money to burn**?
아는 사람 중 엄청 부자 있어?

I don't. Do you?
난 없어. 넌?

pay off

돈을 내서(pay) 다 떨쳐냈으니까(off) '다 갚다, 완납하다'라는 의미가 되
죠. 학자금 대출(student loan)이나 카드(credit card) 빚을 다 갚았다고 할 때
사용하면 안성맞춤입니다.

What are you so happy about?
너 왜 그렇게 기분이 좋아?

I finally **paid off** my credit card!
드디어 카드비를 다 갚았어!

11 | 맛집 추천 좀?

mp3듣기

일단 한번 도전 우리말을 보면서 영어로 할 말을 떠올려 보세요. 🎧 11-1.mp3

철수   맛집 좀 추천해줄래?

영희   여자친구랑 가려고?

철수   응. 아, 그리고 갠 태국음식을 엄청 좋아해.

영희   진짜 괜찮은 데 알아.

맛집 좀 추천해줄래?

'맛집을 영어로 뭐라고 하지?'라며 고민하고 계신가요? 복잡하게 생각할 필요 없습니다! 그냥 good restaurant라고 하면 해결되니까요. 상대에게 '(나한테) ~를 추천해줄래?'라고 할 때는 Can you recommend ~ (for me)?라는 패턴을 쓰면 되고요. 그래서 '(나한테) 맛집 좀 추천해줄래?'는 Can you recommend a good restaurant for me?가 되는 거죠.

요렇게 말했어 ★★★ 실제 대화에서는 어떻게 말하는지 눈으로 확인하세요. 🎧 11-2.mp3

철수 Can you recommend a good restaurant for me?

영희 You're gonna take your girlfriend?

철수 Yeah. Oh, and she loves Thai food.

영희 I know an amazing place.

＊ recommend 추천하다 | take 사람 ~를 데리고 가다 | Thai 태국의(Thailand의 형용사형) | amazing 아주 좋은

[천천히 1번~ 실제 속도로 2번~]

철수 **Can you recommend a good restaurant for me?**

맛집 좀 추천해줄래?

영희 **You're gonna take your girlfriend?**

여자친구랑 가려고?

철수 **Yeah. Oh, and she loves Thai food.**

응. 아, 그리고 걘 태국음식을 엄청 좋아해.

영희 **I know an amazing place.**

진짜 괜찮은 데 알아.

66

넌 지금부터 **철수**   [필 충만하게~ 느낌 팍팍 살려~]

맛집 좀 추천해줄래?

영희   You're gonna take your girlfriend?

응. 아, 그리고 걘 태국음식을 엄청 좋아해.

영희   I know an amazing place.

넌 지금부터 **영희**

철수   Can you recommend a good restaurant for me?

여자친구랑 가려고?

철수   Yeah. Oh, and she loves Thai food.

진짜 괜찮은 데 알아.

12 | 지금 개봉한 영화 중에 볼 만한 거 있나?

mp3듣기

 **일단 한번 도전** 우리말을 보면서 영어로 할 말을 떠올려 보세요. 🎧 12-1.mp3

영희 다운로드 할 영화 하나 고르려고 하는데, 다 이미 본 영화들이야.

철수 지금 개봉한 영화 중에는 볼 만한 거 있나?

영희 그닥.

철수 그럼 옛날 영화를 좀 찾아봐.

지금 개봉한 영화 중에 볼 만한 거 있나?

이 말은 '요즘 극장에서 상영하는 영화 중에 재미있는 거 있나?'라는 의미죠. 영어로는 Is there anything good playing in theaters? 또는 Are there any good movies playing in theaters?라고 하면 되는데, 이때 앞의 Is there와 Are there는 생략하고 말해도 돼요. Anything good playing in theaters? / Any good movies playing in theaters? 요렇게요!

요렇게 말했어 실제 대화에서는 어떻게 말하는지 눈으로 확인하세요. 🎧 12-2.mp3

영희   I'm trying to pick a movie to download, but I've seen them all.

철수   Anything good playing in theaters?

영희   Not really.

철수   Then you should look into some older movies.

＊ pick 고르다 ｜ play 상영하다 ｜ Not really. 꼭 그렇지도 않아. 별로야. ｜ look into ~ ~를 들여다보다. ~를 조사하다

[천천히 1번~ 실제 속도로 2번~]

영희   I'm trying to pick a movie to download, but I've seen them all.

다운로드 할 영화 하나 고르려고 하는데, 다 이미 본 영화들이야.

철수   Anything good playing in theaters?

지금 개봉한 영화 중에는 볼 만한 거 있나?

영희   Not really.

그닥.

철수   Then you should look into some older movies.

그럼 옛날 영화를 좀 찾아봐.

[필 충만하게~ 느낌 팍팍 살려~]

넌 지금부터 영희

 다운로드 할 영화 하나 고르려고 하는데, 다 이미 본 영화들이야.

철수　Anything good playing in theaters?

 그닥.

철수　Then you should look into some older movies.

넌 지금부터 철수

영희　I'm trying to pick a movie to download, but I've seen them all.

 지금 개봉한 영화 중에는 볼 만한 거 있나?

영희　Not really.

 그럼 옛날 영화를 좀 찾아봐.

71

13 | 덕분에 기분 쥑인다.

mp3듣기

일단 한번 도전

우리말을 보면서 영어로 할 말을 떠올려 보세요.   ♩ 13-1.mp3

철수   BTS 콘서트 갈래? 나한테 티켓 2장 있거든.

영희   완전 좋지! 어떻게 구했어?

철수   인터넷으로 이 티켓 사려고 알람 여러 개를 딱 맞춰놨지.

영희   아싸! 덕분에 기분 죽이는데.

덕분에 기분 죽이는데.

누군가의 말이나 행동으로 인해 기분이 끝내줄 때, 하루가 막 아름다워 보일 때 You just made my day.라고 말해보세요. "당신이 방금 한 말/행동 덕분에 끝내주는 하루가 됐어."라는 의미랍니다. 이 표현은 반어법으로도 자주 쓰이죠. 오랫동안 계획한 여행을 친구가 갑자기 취소했을 때 Thanks. You just made my day. 한다면 "너 때문에 완전히 기분 잡쳤어."라는 의미가 되죠.

요렇게 말했어 ★★★　실제 대화에서는 어떻게 말하는지 눈으로 확인하세요.　∩ 13-2.mp3

철수　You wanna go to the BTS concert? I have two tickets.

영희　That sounds great! Where did you get them?

철수　I set several alarms to buy these tickets on the Internet.

영희　Sweet! You just made my day.

---

* set an alarm 알람을 맞추다

[천천히 1번~ 실제 속도로 2번~]

철수   You wanna go to the BTS concert?
I have two tickets.

BTS 콘서트갈래? 나한테 티켓 2장 있거든.

영희   That sounds great! Where did you
get them?

완전 좋지! 어떻게 구했어?

철수   I set several alarms to buy these
tickets on the Internet.

인터넷으로 이 티켓 사려고 알람 여러 개를 딱
맞춰놨지.

영희   Sweet! You just made my day.

아싸! 덕분에 기분 죽이는데.

[필 충만하게~ 느낌 팍팍 살려~]

넌 지금부터 철수

 BTS 콘서트갈래? 나한테 티켓 2장 있거든.

영희   That sounds great! Where did you get them?

 인터넷으로 이 티켓 사려고 알람 여러 개를 딱 맞춰놨지.

영희   Sweet! You just made my day.

넌 지금부터 영희

철수   You wanna go to the BTS concert? I have two tickets.

 완전 좋지! 어떻게 구했어?

철수   I set several alarms to buy these tickets on the Internet.

 아싸! 덕분에 기분 죽이는데.

75

14 | 나한테 선택권이 없어.

mp3듣기

일단 한번 도전  우리말을 보면서 영어로 할 말을 떠올려 보세요. 🎧 14-1.mp3

| 이대리 | 음악 듣는 거 좋아해? |

이대리   음악 듣는 거 좋아해?

김대리   요즘 나한테 선택권이 없어.

이대리   응? 그게 무슨 말이야?

김대리   두 살배기 아들이 온종일 '아기 상어'를 들으려고 해.

나한테 선택권이 없어.

'선택권'이라고 하면 어렵게 들리지만, 사실은 choice라는 간단한 단어로 말할 수 있죠. '선택권이 있다'는 have a choice이고, '선택권이 없다'는 not have a choice라고 하면 됩니다. '온종일'은 24/7으로 표현할 수 있어요. twenty-four seven이라고 읽는데, 하루 24시간, 1주일 7일, 즉 '계속해서, 내내'란 뜻으로 간결 명료해서 자주 쓰는 표현입니다.

요렇게 말했어 ★★★ 실제 대화에서는 어떻게 말하는지 눈으로 확인하세요. 🎧 14-2.mp3

이대리 Do you like listening to music?

김대리 These days, I don't really have a choice.

이대리 Huh? What do you mean?

김대리 My two-year-old son wants to listen to "Baby Shark" 24/7.

---

* listen to ~을 귀 기울여 듣다 (단순히 귀에 들릴 때는 hear를 사용) | What do you mean? 그게 무슨 의미냐?

[천천히 1번~ 실제 속도로 2번~]

이대리 **Do you like listening to music?**

음악 듣는 거 좋아해?

김대리 **These days, I don't really have a choice.**

요즘 나한테 선택권이 없어.

이대리 **Huh? What do you mean?**

응? 그게 무슨 말이야?

김대리 **My two-year-old son wants to listen to "Baby Shark" 24/7.**

두 살배기 아들이 온종일 '아기 상어'를 들으려고 해.

[필 충만하게~ 느낌 팍팍 살려~]

넌 지금부터 이대리

 음악 듣는 거 좋아해?

김대리 These days, I don't really have a choice.

 응? 그게 무슨 말이야?

김대리 My two-year-old son wants to listen to "Baby Shark" 24/7.

넌 지금부터 김대리

이대리 Do you like listening to music?

 요즘 나한테 선택권이 없어.

이대리 Huh? What do you mean?

 두 살배기 아들이 온종일 '아기 상어'를 들으려고 해.

15 | 손에서 놓을 수가 없더라고.

mp3듣기

일단 한번 도전

우리말을 보면서 영어로 할 말을 떠올려 보세요.   🎧 15-1.mp3

영희   그 책 벌써 다 읽었어?

철수   이 책 정말 좋았어. 손에서 놓을 수가 없더라고.

영희   그렇게 재미있었어? 나도 읽어봐야겠네.

철수   갖고 싶으면 너 가져.

손에서 놓을 수가 없더라고.

너무 재미있는 책을 볼 때는 배가 고파도 도저히 '손에서 책을 놓을 수 없죠'?
영어에도 이런 표현이 있습니다. I couldn't put the book down. 꼭 한글을
그대로 옮겨놓은 것 같죠? 그리고 "갖고 싶으면 너 가져."라고 인심을 팍팍 쓰
고 싶을 때는 If you want it, it's yours. '너 가져'란 말, 간단히 it's yours라고
하면 돼요, 알겠죠?

요렇게 말했어 ★★★ 실제 대화에서는 어떻게 말하는지 눈으로 확인하세요. 🎧 15-2.mp3

영희　You're done with the book already?

철수　This book was really great. I couldn't put it down.

영희　It was that good? I should read it, too.

철수　If you want it, it's yours.

＊ be done with ~을 끝내다 ｜ put down 내려놓다 ｜ that good 여기서 that은 '그럴 정도로, 그렇게'란 의미의 부사

[천천히 1번~ 실제 속도로 2번~]

영희 **You're done with the book already?**

그 책 벌써 다 읽었어?

철수 **This book was really great.
I couldn't put it down.**

이 책 정말 좋았어. 손에서 놓을 수가 없더라고.

영희 **It was that good? I should read it,
too.**

그렇게 재미있었어? 나도 읽어봐야겠네.

철수 **If you want it, it's yours.**

갖고 싶으면 너 가져.

[필 충만하게~ 느낌 팍팍 살려~]

넌 지금부터 영희

 그 책 벌써 다 읽었어?

철수 This book was really great. I couldn't put it down.

 그렇게 재미있었어? 나도 읽어봐야겠네.

철수 If you want it, it's yours.

넌 지금부터 철수

영희 You're done with the book already?

 이 책 정말 좋았어. 손에서 놓을 수가 없더라고.

영희 It was that good? I should read it, too.

 갖고 싶으면 너 가져.

음식·영화·음악·책 관용표현

15-5.mp3

mouthwatering

맛있는 음식을 보고 있으면 군침이 돌죠? 영어로는 mouthwatering이라고 하는데, '입에서 물이 나오는'이란 평범한 표현입니다. 자연스런 우리말로 옮기면 '군침이 도는'이란 의미죠.

🙊 Yeonghui always posts pictures of food on Instagram.
영희는 항상 인스타에 음식 사진 올리더라.

😊 Everything she posts looks so **mouthwatering**.
걔가 올리는 거 다 완전 군침 돌아.

It's on me.

"내가 쏠게."는 It's on me. 참으로 유용한 표현이지만 회화 책에 하도 많이 실린 표현이라 식상할 수 있으니 It's on you.(네가 쏴.)를 종종 사용해 보세요.

😄 Wanna grab something to eat? 뭐 좀 먹을까?

😊 Sure. **It's on you.** 좋지. 네가 쏴.

subtitles

'자막'을 subtitles라 하는데 단어는 알아도 사용법이 헷갈릴 수 있습니다. '자막 있는 영화'는 a movie WITH subtitles, "이 영화 자막 있어."는 This movie HAS subtitles.

 Have you seen that new French film?
새로 개봉한 그 프랑스 영화 봤어?

No, I hate watching **movies with subtitles**.
아니, 나 자막 있는 영화 보는 거 극혐이야.

the original / the remake

'원작'은 the original, '리메이크'는 the remake라고 합니다. the를 잊지 말고 꼭! 넣어주세요.

Personally, I think they did a better job with **the remake**.
개인적으로, 리메이크를 더 잘 만들었다고 생각해.

No way. **The original** was so much better. There's really no comparison.
말도 안 돼. 원작이 훨씬 좋지. 비교도 할 수 없어.

music to my ears

'좋은 소식, 나를 기쁘게 하는 소식'을 영어로는 music to my ears, 즉
'내 귀에 음악'이라는 식으로 표현합니다.

Yeonghui resigned last week.
영희 저번 주에 퇴사했대.

That's **music to my ears**. I really hated her.
엄청 좋은 소식이네. 나는 걔가 그렇게 싫더라.

It takes two to tango.

'탱고를 추려면 두 명이 있어야 한다.' 무슨 말일까요? 우리말에 '손뼉도
마주쳐야 소리가 난다.'라는 속담이 있지요? '둘 다 잘못이 있다.'는 의
미입니다.

This morning, Yeonghui yelled at me for nothing.
오늘 아침에, 아무것도 아닌 일에 영희가 나한테 소리질렀어.

Nothing? **It takes two to tango.**
아무것도? 손뼉은 마주쳐야 소리가 나는 법인데.

read between the lines

책을 펴면 글귀가 한 줄 한 줄 있습니다. '줄 사이의 의미를 파악하다, 행간의 의미를 파악하다'는 '숨겨진 의미를 파악하다'라는 뜻입니다. 책이나 독서랑은 딱히 관련 없는 말이에요.

Yeonghui suddenly got angry and just left without saying anything.

영희가 갑자기 열 받아서 아무 말도 안 하고 그냥 가버렸다니까.

I think you need to learn how to **read between the lines**.

너는 행간의 의미를 파악하는 방법을 좀 배워야 돼.

book smart / street smart

smart에는 '똑똑한, 머리가 잘 돌아가는'이란 뜻이 있어서, '이론에 강한 사람, 공부를 잘하는 사람'을 book smart라 하고, '실전에 강한 사람, 세상 물정에 밝은 사람'을 street smart라고 합니다.

Why don't you ask Cheolsu for help?

철수한테 도와달라고 하는 게 어때?

Nah. I need someone who's **street smart AND book smart**.

아냐. 나는 실전과 이론 둘 다 강한 사람이 필요해.

by the book

'곧이곧대로, 규칙대로'를 by the book이라 합니다. 교과서대로 한다는 어감이죠.

 My dad always does everything **by the book**.
우리 아빠는 항상 모든 걸 원칙대로만 하셔.

 Sounds exhausting.
피곤하시겠다.

He wrote the book on ~

'누가 ~에 대해 책 썼어'는 어떠한 주제에 대해 굉장히 지식이 많다거나 경험이 풍부한 사람을 묘사할 때 사용하는 표현이에요. 〈**누구** wrote the book on **주제**〉라는 패턴으로 말하죠. the book이 아니라, a book 이라 하면 실제 책을 쓴 것처럼 들리니 관사에 유의하세요!

 I need some relationship advice.
나 연애 조언이 좀 필요해.

 You're asking the wrong person. **Yeonghui wrote the book on** dating.
사람 잘못 짚었네. 영희가 연애에 대해서는 모르는 게 없잖아.

try every trick in the book

trick은 '속임수, 마술, 비결'이라는 뜻입니다. 따라서 try every trick in the book 하면 '교과서에 들어 있는 모든 trick을 다 시도하다', 즉 '모든 방법을 다 동원하다'는 의미죠.

 Is he coming?
개 온대?

 Nope. We **tried every trick in the book** to get him here.
아니. 여기 오게 하려고 모든 방법을 총동원했건만.

read someone like a book

영어 표현을 직역해보면 무슨 뜻인지 추측하기 어려울 때가 많습니다. '누군가를 마치 책처럼 읽다'는 '누군가의 속을 훤히 들여다보다'라는 뜻이에요.

 You're lying right now.
너 지금 거짓말하고 있잖아.

 Wow. You can really **read me like a book**.
우와. 너는 정말 내 속을 훤히 다 들여다보는구나.

89

16 | 제2의 김연아

mp3듣기

일단 한번 도전 ★ 우리말을 보면서 영어로 할 말을 떠올려 보세요. 🎧 16-1.mp3

철수   피겨스케이트 레슨 받는다고?

영희   어. 우리 쌤이 계속 "타고나셨어요!" 이렇게 외친다니까.

철수   우와. 네가 제2의 김연아가 될지 누가 알아.

영희   우리 조카가 김연아랑 동갑인데.

제2의 김연아

'제2의 누구'는 〈the next **누구**〉라고 합니다. 그래서 I wanna be the next Jisung Park.(난 제2의 박지성이 되고 싶어.) They're gonna be the next BTS. (걔들은 제2의 방탄소년단이 될 거야.)처럼 쓰면 되죠. "넌 타고났어!"는 You're a natural!입니다. You're natural.(너는 자연스러워.)과 관사 하나 차이지만 아~주 큰 의미 차이가 있으니 유의하세요.

요렇게 말했어 ★★★ 실제 대화에서는 어떻게 말하는지 눈으로 확인하세요. 🎧 16-2.mp3

철수 You're taking figure skating lessons?

영희 Yup. My teacher keeps shouting, "You're a natural!"

철수 Wow. Who knows, you might be the next Yuna Kim.

영희 My niece is the same age as Yuna Kim.

＊ Yup Yes의 구어적 표현 I keep shouting 계속 소리치다 (keep -ing 계속 ~하다) I natural 형용사로는 '자연스러운'이고 명사로 쓰이면 '~에 재능을 타고난 사람' I niece 조카딸

철수   **You're taking figure skating lessons?**

피겨스케이트 레슨 받는다고?

영희   **Yup. My teacher keeps shouting, "You're a natural!"**

어. 우리 쌤이 계속 "타고나셨어요!"
이렇게 외친다니까.

철수   **Wow. Who knows, you might be the next Yuna Kim.**

우와. 네가 제2의 김연아가 될지 누가 알아.

영희   **My niece is the same age as Yuna Kim.**

우리 조카가 김연아랑 동갑인데.

[필 충만하게~ 느낌 팍팍 살려~]

넌 지금부터 철수

피겨스케이트 레슨 받는다고?

영희   Yup. My teacher keeps shouting,
"You're a natural!"

우와. 네가 제2의 김연아가 될지 누가 알아.

영희   My niece is the same age as Yuna Kim.

넌 지금부터 영희

철수   You're taking figure skating lessons?

어. 우리 쌤이 계속 "타고나셨어요!"
이렇게 외친다니까.

철수   Wow. Who knows, you might be the next
Yuna Kim.

우리 조카가 김연아랑 동갑인데.

17 | 무슨 소린지 1도 모르겠다.

mp3듣기

일단 **한번** 도전 ★

우리말을 보면서 영어로 할 말을 떠올려 보세요. ∩ 17-1.mp3

영희	나는 비시즌 동안에는 우울증에 시달려.
철수	야구? 농담하는 거지?
영희	야구의 묘미는 말이지 이게 굉장히 우아하다는 거야.
철수	무슨 소린지 1도 모르겠다.

무슨 소린지 1도 모르겠다.

누군가가 내가 전혀 이해하지 못하는 분야나 주제에 대해 얘기하고 있어요. 이 때는 "무슨 소린지 하나도 못 알아듣겠다, 도통 모르겠다."라고 한마디 해줘야 겠죠? I don't understand a word you're saying. 직역하면, '네가 하고 있는 말 한 마디도(a word you're saying) 이해가 안 된다'는 뜻!

요렇게 말했어 ★★★ 실제 대화에서는 어떻게 말하는지 눈으로 확인하세요. 🎧 17-2.mp3

영희   I suffer from depression during the off-season.

철수   Baseball? You're kidding, right?

영희   The beauty of baseball is that it's very elegant.

철수   I don't understand a word you're saying.

---

* suffer from (병, 질환) ~로 고통 받다, ~에 걸리다 | off-season 비시즌 | the beauty of ~ ~의 묘미 | elegant 우아한, 품격 있는

[천천히 1번~ 실제 속도로 2번~]

영희   I suffer from depression during the off-season.

나는 비시즌 동안에는 우울증에 시달려.

철수   Baseball? You're kidding, right?

야구? 농담하는 거지?

영희   The beauty of baseball is that it's very elegant.

야구의 묘미는 말이지 이게 굉장히 우아하다는 거야.

철수   I don't understand a word you're saying.

무슨 소린지 1도 모르겠다.

넌 지금부터 영희

[필 충만하게~ 느낌 팍팍 살려~]

 나는 비시즌 동안에는 우울증에 시달려.

철수 Baseball? You're kidding, right?

 야구의 묘미는 말이지 이게 굉장히 우아하다는 거야.

철수 I don't understand a word you're saying.

넌 지금부터 철수

영희 I suffer from depression during the off-season.

야구? 농담하는 거지?

영희 The beauty of baseball is that it's very elegant.

무슨 소린지 1도 모르겠다.

18 | 사실 난 야구는 별로.

mp3듣기

일단 한번 도전

우리말을 보면서 영어로 할 말을 떠올려 보세요.

🎧 18-1.mp3

홈러~언!

꺄악! 꺄악!

집에 가고 싶다…

영희　이번 야구 시즌 엄청 재밌을 듯!

철수　제일 좋아하는 팀이 어디야?

영희　보스턴 레드 삭스! 넌?

철수　사실 난 야구는 별로야.

사실 난 야구는 별로야.

어떤 대상을 무척 좋아한다고 할 때 big fan이란 표현을 써서 I'm a big fan of ~라는 말 곧잘 합니다. 반대로 별로라고 할 땐 not만 살짝 끼워 I'm not a big fan of ~라고 하면 되고요. 이야기의 맥락이나 정황상 상대방이 오해할 만한 소지가 있다 싶을 땐 '실은, 사실은' 어떠하다는 식으로 정확하게 짚어주고 가야 할 때 있죠? 그럴 땐 Actually라고 한 다음에 사실을 짚어주세요.

요렇게 말했어 ★★★ 실제 대화에서는 어떻게 말하는지 눈으로 확인하세요. 🎧 18-2.mp3

영희 This baseball season should be pretty exciting!

철수 What's your favorite team?

영희 The Boston Red Sox! You?

철수 Actually, I'm not a big fan of baseball.

＊ pretty 아주, 엄청, 꽤

[천천히 1번~ 실제 속도로 2번~]

영희   This baseball season should be pretty exciting!

이번 야구 시즌 엄청 재밌을 듯!

철수   What's your favorite team?

제일 좋아하는 팀이 어디야?

영희   The Boston Red Sox! You?

보스턴 레드 삭스! 넌?

철수   Actually, I'm not a big fan of baseball.

사실 난 야구는 별로야.

[필 충만하게~ 느낌 팍팍 살려~]

넌 지금부터 영희

 이번 야구 시즌 엄청 재밌을 듯!

철수 What's your favorite team?

 보스턴 레드 삭스! 넌?

철수 Actually, I'm not a big fan of baseball.

넌 지금부터 철수

영희 This baseball season should be pretty exciting!

 제일 좋아하는 팀이 어디야?

영희 The Boston Red Sox! You?

 사실 난 야구는 별로야.

19 | 난 매운 음식은 별로.

mp3듣기

일단 한번 도전 ★ 우리말을 보면서 영어로 할 말을 떠올려 보세요. 🎧 19-1.mp3

영희   이따가 떡볶이 먹으러 갈까?

철수   **난 매운 음식은 별로.**

영희   정말? 스트레스 받을 땐 매운 게 최고인데.

철수   난 그러면 스트레스 더 받아.

난 매운 음식은 별로.

무언가 싫거나, 딱히 좋지 않을 때 ⟨I hate **무엇**⟩이라고 하면 표현이 극단적이죠. 대신 ⟨**무엇** is/are not really my thing.⟩이라고 써보세요. 한층 말이 부드러워집니다. 그래서 "난 여행은 별로야."는 Traveling is not really my thing.이라고 하면 되고, "난 술은 별로야."는 Drinking is not really my thing.이라고 하면 아주 부드럽게 넘어가죠. 바로 앞에서 배웠던 I'm not a big fan of ~ 와 같은 맥락의 표현이에요.

요렇게 말했어 ★★★   실제 대화에서는 어떻게 말하는지 눈으로 확인하세요.   ∩ 19-2.mp3

영희   You wanna get some *tteokbokki* later?

철수   Spicy food is not really my thing.

영희   Really? Eating spicy food is the best way to relieve stress.

철수   For me, it makes me even more stressed.

＊ later 이따가, 나중에 ｜ spicy 매운 ｜ relieve stress 스트레스를 풀다

103

영희 **You wanna get some *tteokbokki* later?**

이따가 떡볶이 먹으러 갈까?

철수 **Spicy food is not really my thing.**

난 매운 음식은 별로.

영희 **Really? Eating spicy food is the best way to relieve stress.**

정말? 스트레스 받을 땐 매운 게 최고인데.

철수 **For me, it makes me even more stressed.**

난 그러면 스트레스 더 받아.

104

넌 지금부터 **영희**　　[필 충만하게~ 느낌 팍팍 살려~]

 이따가 떡볶이 먹으러 갈까?

철수　Spicy food is not really my thing.

 정말? 스트레스 받을 땐 매운 게 최고인데.

철수　For me, it makes me even more stressed.

넌 지금부터 **철수**

영희　You wanna get some *tteokbokki* later?

 난 매운 음식은 별로.

영희　Really? Eating spicy food is the best way to relieve stress.

 난 그러면 스트레스 더 받아.

20 | 미리 말하는데, 나 되게 잘 쳐.

 mp3듣기

 **일단 한번 도전** ★

우리말을 보면서 영어로 할 말을 떠올려 보세요. ♫ 20-1.mp3

긴장해

빨리 쳐라
내가 널
치기 전에…

철수 이번 주 토요일에 뭐해?

영희 별거 안 해.

철수 골프 치러 갈까 하는데. 같이 갈래?

영희 좋지! 미리 말하는데, 나 되게 잘 쳐.

미리 말하는데, 나 되게 잘 쳐.

I have to warn you, though. I'm very good. 이와 같은 표현은 상대에게 한 걸음 더 다가가는 센스 있는 농담 반 진담 반의 발언입니다. 전혀 거만하게 들리지 않고 듣는 사람을 즐겁게 해줄 수 있는 표현이죠. 그러나 무언가를 너~무 혹은 전~혀 못할 때 이 표현을 사용한다면 센스 있는 발언이라기보다 사기성 발언이 되겠으니 상황 봐가면서 쓰셔요~! warn은 '경고하다', 즉 조심하라고 '미리 말하다'는 의미.

요렇게 말했어 ★★★   실제 대화에서는 어떻게 말하는지 눈으로 확인하세요.   ∩ 20-2.mp3

철수   What are you doing this Saturday?

영희   Not much.

철수   I'm thinking about going golfing. Do you want to come?

영희   Sure! I have to warn you, though. I'm very good.

---

* Not much. 별로 없어. (특별한 계획 혹은 현재 하고 있는 일이 없다는 의미) | go golfing 골프 치러 가다 (go -ing ~하러 가다) | though 그러나 (문장의 끝머리나 중간에 넣어, '그러나'의 의미를 추가함)

[천천히 1번~ 실제 속도로 2번~]

철수 What are you doing this Saturday?

이번 주 토요일에 뭐해?

영희 Not much.

별거 안 해.

철수 I'm thinking about going golfing. Do you want to come?

골프 치러 갈까 하는데. 같이 갈래?

영희 Sure! I have to warn you, though. I'm very good.

좋지! 미리 말하는데, 나 되게 잘 쳐.

넌 지금부터 철수

[필 충만하게~ 느낌 팍팍 살려~]

 이번 주 토요일에 뭐해?

영희 Not much.

 골프 치러 갈까 하는데. 같이 갈래?

영희 Sure! I have to warn you, though. I'm very good.

넌 지금부터 영희

철수 What are you doing this Saturday?

 별거 안 해.

철수 I'm thinking about going golfing. Do you want to come?

 좋지! 미리 말하는데, 나 되게 잘 쳐.

hang out

정확한 나이 제한이 정해진 것은 아니지만 아가나 어린이들이 놀 때는 play라는 단어를 사용하고, 벌써 초등학생만 되도 hang out이라는 표현을 씁니다.

I have tomorrow off! Wanna do something?
나 내일 쉬는 날이야. 같이 뭐라도 할까?

Yeah, let's **hang out** at the park with some beers.
그래. 맥주 사서 공원이나 가서 놀자.

social butterfly

모르는 사람과 말도 잘 하고, 친구나 지인들과의 모임도 자주 갖는 '사교적인 사람'을 social butterfly라 합니다.

I swear Cheolsu knows everyone.
장담컨대 철수는 모든 사람을 다 알아.

I know, he's such a **social butterfly**.
내 말이. 걘 정말 사교성 끝판왕이야.

physically active

'돌아다니는 것, 움직이는 것을 좋아하는' 사람을 physically active라 합니다. 등산이나 조깅과 같은 운동을 즐기는 것 이외에도 그냥 가만히 있지를 못하는 사람 있잖아요? 다 physically active라 해요.

I can't sleep! Please be quiet!

잠이 안 오잖아! 제발 좀 조용히 해!

It's 2 in the afternoon. You really need to be more **physically active**.

지금 오후 2시야. 넌 정말 좀 더 활동적일 필요가 있어.

low-key

사람들이 많은 곳에 가서 활동적으로 시간을 보내는 것의 반대말입니다. '정적인, 절제하는, 많은 사람들의 이목을 끌지 않는' 정도의 의미이죠. 금요일 밤에 집에서 파자마 입고 팝콘 먹으며 편하게 영화를 봤다면 'my Friday night은 low-key였다'고 말할 수 있습니다.

Do you wanna get some decorations for Cheolsu's birthday? 철수 생일 파티에 쓸 장식품 좀 살까?

No, I think he would want to keep it **low-key**.

아니, 내 생각에 걘 차분한 생일을 원할 것 같아.

extrovert / introvert

'외향적인 사람'을 extrovert, '내성적인 사람'을 introvert라 합니다. 명사로 사용하면 She's an extrovert. 형용사로 사용하면 She's extroverted. 어떻게 구분해서 써야 하는지 차이점 눈에 딱 보이죠?

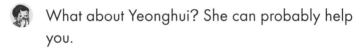

What about Yeonghui? She can probably help you.

영희는 어때? 걔가 도와줄 수도 있을 것 같은데.

She's not a good fit. I want someone who's a bit more **extroverted**.

걔는 좀 안 맞아. 난 좀 더 외향적인 사람을 원해.

picky

'까다로운 사람'을 picky person이라 합니다. picky 대신 쓸 수 있는 흡사한 단어는 difficult(까다로운, 깐깐한), particular(특정한, 까다로운), captious(흠잡기를 좋아하는, 말꼬리 물기를 좋아하는) 등이 있죠.

You should try that Indian restaurant with your girlfriend.

여친이랑 저 인도식당 한번 가봐.

I would, but she's a really **picky** eater.

그리고 싶은데, 여자친구 식성이 워낙 까다로워서.

easy-going

'성격이 느긋한, 누구와도 웬만하면 잘 어울리는'이란 의미. picky(까다로운)의 반대 성향이 easy-going이죠. 화도 잘 안 내고, 급하지 않고, 유한 성향을 뜻하는 단어입니다.

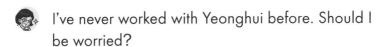

I've never worked with Yeonghui before. Should I be worried?

영희 씨랑 한 번도 일을 같이 해본 적이 없어요. 나 지금 걱정해야 되는 건가요?

Not at all. She's really **easy-going**.

전혀요. 영희 씨 되게 사람 편하고 좋아요.

I'm interested in ~

'~에 관심이 있다, 흥미가 있다'는 유명한 표현. I'm interested in 뒤에는 명사 혹은 동명사 형태로 말합니다. I'm interested in history.(나는 역사에 관심이 있어요.), I'm interested in learning about history.(나는 역사에 대해 배우는 것에 관심이 있어요.) 요런 식으로!

I'm interested in getting to know you.

나는 너와 가까워지고 싶어.

Sorry, you're not my type.

미안, 넌 내 타입 아냐.

It's not me.

엄마가 "누가 이거 엎질렀어?" 하고 소리 지르시면 "저 아니에요." It's not me.라 답을 하는데요, 이외에도 이 표현은 "내 취향이 아니야."라 는 또 하나의 의미를 가지고 있답니다.

Wanna go to the baseball game this weekend?
이번 주말에 야구 경기 보러 갈까?

Sorry, **baseball isn't really me.**
미안, 야구는 그닥 내 취향이 아니라서.

It's so you.

사람은 변하지 않는다고 하는데 참… 철학적인 주제입니다. 항상 거짓 말을 하는 사람이 또 거짓말로 둘러대면 "인간 참 안 변하네, 정말 너답 다." 이런 말을 듣겠지요. 그럴 때 하는 말 It's so you.(딱 너답다.) 쇼핑할 때 친구가 옷을 입어봤는데 너~무 잘 어울릴 때도 It's so you.(딱 네 거네. / 너 입으라고 만들어진 옷이네.)

Sorry, I'm late.
미안, 늦었네.

I'm not even surprised. **It's so you.**
놀랍지도 않다. 너다워.

have a blast

blast는 '폭발', '펑 하고 터지는 소리'라는 의미인데 아~주 즐거운 시간을 묘사할 때도 자주 쓰이는 단어예요. 따라서 have a blast라고 하면 '최고의 시간을 보낸다'는 의미이죠.

How was the party?
파티 어땠어?

We **had a blast**!
진짜 재미있었어!

personal preference

사람마다 좋아하는 것, 싫어하는 것이 있고 이것을 '개인 취향' personal preference라 합니다.

All **personal preferences** need to be respected.
모든 개인 취향은 존중되어야 해.

Do you really think so? I disagree.
진짜 그렇게 생각해? 나는 동의 안 해.

21 | 나 데리고 가면 안 돼?

일단 한번 도전 우리말을 보면서 영어로 할 말을 떠올려 보세요. 🎧 21-1.mp3

영희 나 이번 여름에 배낭 여행 가려고.

철수 우와. 어디로 갈 계획이야?

영희 유럽으로.

철수 **멋지다! 나 데리고 가면 안 돼?**

116

나 데리고 가면 안 돼?

친구가 여행 계획을 얘기할 때 I want to go with you.(나도 너랑 같이 가고 싶어.)라고 단도직입적으로 말하면 상대가 당황할 수도 있으니 좀 더 젠틀하게 물어보는 게 좋겠죠? 요럴 때는 〈Could I 동사원형 ~?〉(~해도 돼?) 패턴을 써보세요. 우리말로는 "나 데리고 가면 안 돼?"이지만, 영어로 공손하게 혹은 조심스럽게 상대의 의향을 물어볼 땐 Couldn't I ~?가 아니라 Could I ~?를 주로 써요. 뒤에는 '따라가다, 같이 가다'는 tag along을 곁들여주고요.

요렇게 말했어 ★★★ 실제 대화에서는 어떻게 말하는지 눈으로 확인하세요. ∩ 21-2.mp3

영희 I'm going backpacking this summer.

철수 Wow. Where are you planning to go?

영희 To Europe.

철수 Awesome! Could I tag along?

---

* backpacking (trip) 배낭 여행 ┃ plan to 동사원형 ~할 계획이다 ┃ Awesome! 멋지다! 끝내준다!

[천천히 1번~ 실제 속도로 2번~]

영희 I'm going backpacking this summer.

나 이번 여름에 배낭 여행 가려고.

철수 Wow. Where are you planning to go?

우와. 어디로 갈 계획이야?

영희 To Europe.

유럽으로.

철수 Awesome! Could I tag along?

멋지다! 나 데리고 가면 안 돼?

넌 지금부터 영희

[필 충만하게~ 느낌 팍팍 살려~]

 나 이번 여름에 배낭 여행 가려고.

철수 Wow. Where are you planning to go?

 유럽으로.

철수 Awesome! Could I tag along?

넌 지금부터 철수

영희 I'm going backpacking this summer.

 우와. 어디로 갈 계획이야?

영희 To Europe.

 멋지다! 나 데리고 가면 안 돼?

22 | 팁 좀 줘.

일단 한번 도전 ★

우리말을 보면서 영어로 할 말을 떠올려 보세요.　 🎧 22-1.mp3

철수　　작년에 세부 갔었지?

영희　　휴가 때 갔다 왔지. 근데 왜?

철수　　나 다음달에 세부 가려고. **팁 좀 줘.**

영희　　좋아. 근데 맨입으론 안 된다. 술 한잔 콜?

팁 좀 줘.

세부는 필리핀의 유명한 휴양지죠. 이곳에 가고 싶어서 조언을 얻으려 한다면, Do you have any advice for me?(저한테 주실 조언이 있나요?)라고 물어볼 수도 있습니다. 하지만 Any tips?라고 더 간단하고 편하게 질문할 수도 있죠. Any tips?는 건방지거나 버릇없는 표현은 아니니까 걱정 말고 편하게 사용하시면 되겠습니다.

요렇게 말했어 ★★★ 실제 대화에서는 어떻게 말하는지 눈으로 확인하세요. ∩ 22-2.mp3

철수   You went to Cebu last year, right?

영희   I was there on vacation. Why do you ask?

철수   I'm going to Cebu next month. Any tips?

영희   Sure, but it'll cost you. Drinks?

∗ on vacation 휴가로, 휴가를 이용해서 | tip (필요한) 정보, 귀띔 | cost ~에게 대가를 지불시키다

[천천히 1번~ 실제 속도로 2번~]

철수   You went to Cebu last year, right?

작년에 세부 갔었지?

영희   I was there on vacation. Why do you ask?

휴가 때 갔다 왔지. 근데 왜 (물어보는데)?

철수   I'm going to Cebu next month. Any tips?

나 다음달에 세부 가려고. 팁 좀 줘.

영희   Sure, but it'll cost you. Drinks?

좋아. 근데 맨입으론 안 된다. 술 한잔 콜?

[필 충만하게~ 느낌 팍팍 살려~]

넌 지금부터 철수

 작년에 세부 갔었지?

영희   I was there on vacation. Why do you ask?

 나 다음달에 세부 가려고. 팁 좀 줘.

영희   Sure, but it'll cost you. Drinks?

넌 지금부터 영희

철수   You went to Cebu last year, right?

 휴가 때 갔다 왔지. 근데 왜?

철수   I'm going to Cebu next month. Any tips?

 좋아. 근데 맨입으론 안 된다. 술 한잔 콜?

23 | 입을 다물지 못할 정도로 멋져. [말잇못]

mp3듣기

일단 한번 도전
★
우리말을 보면서 영어로 할 말을 떠올려 보세요.
🎧 23-1.mp3

영희	너 스위스 간다며?
철수	어, 뭐 추천할 만한 데 있어?
영희	알프스 산맥에서 하이킹! 풍경이 입을 다물지 못할 정도로 멋져.
철수	난 식당이나 클럽 말한 건데. 산 말고.

입을 다물지 못할 정도로 멋져. (말잇못)

말을 잇지 못할 정도로 굉장하다고 할 때 '말잇못'이라고 하잖아요. 바로 여기에 해당되는 표현이 mind-blowing이랍니다. '마음을 날려버리는'이라는 뜻이죠. This movie is mind-blowing.(이 영화 대박이야.), You are mind-blowing. (당신은 너무나 대단해요.)처럼 말로 형용하기 어려울 정도로 너무 좋거나 대단해서, good이나 very good이라는 표현으로는 성에 안 찰 때 쓰면 되겠어요.

요렇게 말했어
★ ★ ★

실제 대화에서는 어떻게 말하는지 눈으로 확인하세요.   ♩ 23-2.mp3

영희   I heard you're going to Switzerland.

철수   Yeah, got any recommendations?

영희   Hiking in the Alps! The views are mind-blowing.

철수   I meant restaurants and clubs. Not mountains.

＊ Switzerland 스위스 (나라 이름은 Switzerland이고, Swiss는 형용사형 또는 '스위스인'임) ｜ hiking 등산 ｜ view 전망, 풍경

[천천히 1번~ 실제 속도로 2번~]

영희   I heard you're going to Switzerland.

너 스위스 간다며?

철수   Yeah, got any recommendations?

어, 뭐 추천할 만한 데 있어?

영희   Hiking in the Alps! The views are mind-blowing.

알프스 산맥에서 하이킹! 풍경이 입을 다물지 못할 정도로 멋져.

철수   I meant restaurants and clubs. Not mountains.

난 식당이나 클럽 말한 건데. 산 말고.

[필 충만하게~ 느낌 팍팍 살려~]

넌 지금부터 영희

 너 스위스 간다며?

철수   Yeah, got any recommendations?

 알프스 산맥에서 하이킹! 풍경이 입을 다물지 못할 정도로 멋져.

철수   I meant restaurants and clubs. Not mountains.

넌 지금부터 철수

영희   I heard you're going to Switzerland.

 어, 뭐 추천할 만한 데 있어?

영희   Hiking in the Alps! The views are mind-blowing.

 난 식당이나 클럽 말한 건데. 산 말고.

24 | 부담 주기 싫어서 그래.

mp3듣기

일단 한번 도전 ★

우리말을 보면서 영어로 할 말을 떠올려 보세요. 🎧 24-1.mp3

철수   나 호텔에서 머물 거야.

영희   무슨 소리야? 우리 집에 있어야지.

철수   **부담 주기 싫어서 그래.**

영희   뭐? 난 네가 우리 집에 있는 거 너무 좋아!

부담 주기 싫어서 그래.

'부담'이 되는 걸 좋아하는 사람은 별로 없습니다. 그래서 "부담 주기 싫어."라는 말을 해야 될 상황이 자주 생기겠죠? 이럴 땐 '무거운 짐'이란 뜻의 burden을 이용해, I don't wanna be a burden.이라고 해보세요. 그러면 상대방은 You are not a burden.(넌 부담 안 돼.) 혹은 Not at all!(전혀 그렇지 않아.)이라고 정색하며 말할 거예요.

요렇게 말했어
★★★

실제 대화에서는 어떻게 말하는지 눈으로 확인하세요.   🎧 24-2.mp3

철수   I'll stay at a hotel.

영희   What are you talking about? You have to stay at my place.

철수   I don't wanna be a burden.

영희   What? I love having you here!

＊ What are you talking about? 실제로 무슨 말을 하는 건지 알고 싶을 때도 사용하지만, 여기서는 "도대체 무슨 말을 하는 거니?"라는 어감을 전달 | I don't wanna 동사원형 ~하고 싶지 않다 (wanna는 want to의 구어체 표현)

[천천히 1번~ 실제 속도로 2번~]

철수　I'll stay at a hotel.

나 호텔에서 머물 거야.

영희　What are you talking about? You have to stay at my place.

무슨 소리야? 우리 집에 있어야지.

철수　I don't wanna be a burden.

부담 주기 싫어서 그래.

영희　What? I love having you here!

뭐? 난 네가 우리 집에 있는 거 너무 좋아!

[필 충만하게~ 느낌 팍팍 살려~]

넌 지금부터 철수

 나 호텔에서 머물 거야.

영희 What are you talking about? You have to stay at my place.

 부담 주기 싫어서 그래.

영희 What? I love having you here!

넌 지금부터 영희

철수 I'll stay at a hotel.

 무슨 소리야? 우리 집에 있어야지.

철수 I don't wanna be a burden.

 뭐? 난 네가 우리 집에 있는 거 너무 좋아!

131

25 | 김철수로 예약했는데요.

mp3듣기

일단 한번 도전 우리말을 보면서 영어로 할 말을 떠올려 보세요. 🎧 25-1.mp3

철수   안녕하세요. 김철수로 예약했는데요.

호텔직원 체크해 드릴게요. 찰스라고 하셨죠?

철수   아니, 철수요. 찰스 아니고요.

호텔직원 아, 그렇군요. 잠시만 여기서 기다려 주시겠어요,
      찰스 씨?

김철수로 예약했는데요.

호텔에서 체크인을 할 때 "김철수란 이름으로 예약했는데요."라고 말하고 싶은데 '~라는 이름으로'에서 약간 걸리죠? 이럴 때는 〈under + 이름〉을 기억해 주세요. '예약하다'는 make a reservation입니다. '나는 예약을 (이미) 했다'는 I made a reservation 혹은 I have a reservation이라고 하면 해결!

요렇게 말했어 ★★★ 실제 대화에서는 어떻게 말하는지 눈으로 확인하세요. 🎧 25-2.mp3

철수 Hello, I have a reservation under Kim Cheolsu.

호텔직원 Let me check. Charles, right?

철수 It's actually Cheolsu. Not Charles.

호텔직원 Ah, I see. Would you please wait here for a minute, Charles?

---

* right? 맞죠? 맞나요? | for a minute 잠깐

133

[천천히 1번~ 실제 속도로 2번~]

철수   Hello, I have a reservation under Kim Cheolsu.

안녕하세요. 김철수로 예약했는데요.

호텔직원   Let me check. Charles, right?

체크해 드릴게요. 찰스라고 하셨죠?

철수   It's actually Cheolsu. Not Charles.

아니, 철수요. 찰스 아니고요.

호텔직원   Ah, I see. Would you please wait here for a minute, Charles?

아, 그렇군요. 잠시만 여기서 기다려 주시겠어요, 찰스 씨?

넌 지금부터 철수

〔 필 충만하게~ 느낌 팍팍 살려~ 〕

 안녕하세요. 김철수로 예약했는데요.

호텔직원 Let me check. Charles, right?

 아니, 철수요. 찰스 아니고요.

호텔직원 Ah, I see. Would you please wait here for a minute, Charles?

넌 지금부터 호텔직원

철수 Hello, I have a reservation under Kim Cheolsu.

 체크해 드릴게요. 찰스라고 하셨죠?

철수 It's actually Cheolsu. Not Charles.

 아, 그렇군요. 잠시만 여기서 기다려 주시겠어요, 찰스 씨?

135

travel light

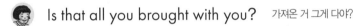

1박 2일 여행 가는데 이삿짐처럼 다 챙기는 사람이 있습니다. 반면, 치약, 칫솔, 속옷 한 개 딱 챙겨서 작은 가방에 넣어가는 사람도 있지요. '꼭 필요한 것만 간단하게 챙겨서 여행한다'고 할 때 travel light이라는 표현을 씁니다.

Is that all you brought with you?　가져온 거 그게 다야?

Yeah, I like to **travel light**.　어, 나는 가볍게 다니는 걸 좋아하거든.

travel abroad

'해외 여행하다'는 가장 간단하게 travel abroad라 하면 됩니다. abroad(해외로) 대신 domestically(국내에)를 쓰면 물론 '국내 여행하다'란 의미가 되죠.

How did you meet your boyfriend?
남친이랑 어떻게 만났어?

We met while we were both **traveling abroad**.
둘 다 해외 여행 하던 도중에 만났어.

must-see

'유명한 관광지'를 popular tourist destination이라 합니다. '꼭 봐야 하는 것'이나 '꼭 가봐야 하는 장소'를 뜻하는 must-see는 원어민들이 자주 사용하는, 아주 유용한 표현이니 알아두세요~!

What are some popular tourist destinations where you're from?
당신 나라에서는 유명한 관광지가 뭐가 있나요?

Definitely the Colosseum. It's a **must-see**.
단연 콜로세움이지요. 그건 꼭 봐야 해요.

first-class seats

비행기 좌석에는 first class(일등석), business class(비즈니스석), economy class(이코노미석)가 있습니다. 더불어 window seats(창가 쪽 자리)와 aisle seats(복도 쪽 자리. aisle의 -s는 묵음이어서 발음은 [아이슬] 아니고 [아일])도 함께 기억해 두세요.

Are you gonna get **first-class seats**?
일등석 구매할 거야?

Are you gonna pay?
네가 돈 낼 거야?

carsick / seasick / airsick

carsick은 '차멀미하는', seasick은 '뱃멀미하는', airsick은 '비행기 멀미하는'이란 의미. 교통수단 이용 시 흔들림 때문에 멀미가 생기는 증상을 통틀어서 motion sickness라 합니다.

Do you wanna sit in the front?
앞에 앉을래?

Yeah, if you don't mind. I get **carsick** really easily.
응, 너만 괜찮다면. 나 차멀미가 심하거든.

by train / by bus / by plane

어떤 교통편을 이용하는지를 언급할 때 쓰는 표현. train, bus, plane 앞에 관사 a나 the 없이 by train(기차 타고), by bus(버스 타고), by plane(비행기 타고)과 같이 말하죠.

How are you gonna get to the airport?
공항에 어떻게 가려고?

I'll probably go **by bus**. It's the easiest.
아마 버스 타고 갈 듯. 제일 간단하니까.

I missed the bus!

"버스가 보고 싶었어요!"가 아니라 "버스를 놓쳤어요!"라는 의미입니다. 일상 생활에서 많이 사용할 수 있는 유용한 패턴이죠. I missed the train.(기차를 놓쳤어요.) I missed the exam.(시험을 놓쳤어요.) I missed the chance.(기회를 놓쳤어요.)

Why are you late?
왜 지각했어?

Sorry, **I missed the bus.**
죄송해요, 버스를 놓쳤어요.

Bad news travels fast.

끝으로 '여행하다, 이동하다'라는 뜻의 travel이 들어간 관용표현을 하나 소개할게요. Bad news travels fast.라 하면 "안 좋은 소식은 빨리 여행한다." 즉, "나쁜 소식은 빨리 퍼진다."라는 의미입니다.

Are you ok? I heard you broke up with your girlfriend.
괜찮아? 여친이랑 헤어졌다고 들었어.

That just happened yesterday. **Bad news travels fast.**
바로 어제 일이야. 나쁜 소식은 빨리 퍼진다더니.

26 | 나 결정장애야.

 **일단 한번 도전**

우리말을 보면서 영어로 할 말을 떠올려 보세요.   🎧 26-1.mp3

영희   아… 이놈의 결정장애.

철수   배고파 죽겠네. 아무거나 골라. 빨리!

영희   이거 먹을까? 아님 이거? 오, 저것도 맛있겠다!

철수   저기요. 여기 점심특선 둘이요.

나 결정장애야.

짬뽕이냐, 짜장이냐를 놓고 심각하게 고민하는 사람에게는 You're so indecisive.라고 한마디 해주세요. "넌 넘 우유부단해."라는 의미죠. 동일한 의미로 You can never make up your mind.라는 표현도 좋습니다. 매사에 물에 물 탄 듯 술에 술 탄 듯 미지근한 태도를 보이는 사람에게는, 라임을 이용한 재미있는 표현 You're so wishy-washy.가 어울려요.

요렇게 말했어 ★★★ 실제 대화에서는 어떻게 말하는지 눈으로 확인하세요. ∩ 26-2.mp3

영희 Ah... I'm so indecisive.

철수 I'm starving to death. Just pick anything. Quick!

영희 Should I get this? Or this? Oh, that looks good, too!

철수 Excuse me. We'll get two lunch specials, please.

---

* indecisive 우유부단한 | I'm starving to death. 배고파 죽겠어. | Excuse me. 식당에서 종업원을 부를 때 사용하는 말 (영어권에서는 '이모님, 사장님, 언니' 이런 표현은 쓰지 않음)

영희
Ah... I'm so indecisive.
아… 이놈의 결정장애.

철수
I'm starving to death. Just pick anything. Quick!
배고파 죽겠네. 아무거나 골라. 빨리!

영희
Should I get this? Or this? Oh, that looks good, too!
이거 먹을까? 아님 이거? 오, 저것도 맛있겠다!

철수
Excuse me. We'll get two lunch specials, please.
저기요. 여기 점심특선 둘이요.

〔필 충만하게~ 느낌 팍팍 살려~〕

넌 지금부터 영희

아… 이놈의 결정장애.

철수   I'm starving to death. Just pick anything.
Quick!

이거 먹을까? 아님 이거? 오, 저것도 맛있겠다!

철수   Excuse me. We'll get two lunch specials,
please.

넌 지금부터 철수

영희   Ah... I'm so indecisive.

배고파 죽겠네. 아무거나 골라. 빨리!

영희   Should I get this? Or this? Oh, that looks
good, too!

저기요. 여기 점심특선 둘이요.

143

27 | 저희 여기 줄 서 있는 건데요.

mp3듣기

우리말을 보면서 영어로 할 말을 떠올려 보세요.   ∩ 27-1.mp3

고객1   여기서 돈 내는 건가요?

고객2   저기요. 저희 여기 줄 서 있는 건데요.

고객1   아! 죄송해요. 몰랐어요.

고객2   괜찮습니다.

저희 여기 줄 서 있는 건데요.

한참 줄 서 있는데 누군가 앞으로 훅 들어온다~. 요럴 땐 '줄 서 있다'라는 의미의 표현 be in line을 이용해봐요. We're/I'm in line here. 요 말 앞에 Excuse me.(저기요./실례지만.) 한 마디 딱 붙여주면 말이 훠~얼씬 부드러워지죠. 내가 본의 아니게 새치기를 했다면 Oh! I'm sorry. I didn't know.라고 공손하게 사과하면 상황 종료!

요렇게 말했어 ★★★ 실제 대화에서는 어떻게 말하는지 눈으로 확인하세요. 🎧 27-2.mp3

고객1 Do I pay here?

고객2 Excuse me. We're in line here.

고객1 Oh! I'm sorry. I didn't know.

고객2 No problem.

고객1　**Do I pay here?**

여기서 돈 내는 건가요?

고객2　**Excuse me. We're in line here.**

저기요. 저희 여기 줄 서 있는 건데요.

고객1　**Oh! I'm sorry. I didn't know.**

아! 죄송해요. 몰랐어요.

고객2　**No problem.**

괜찮습니다.

[필 충만하게~ 느낌 팍팍 살려~]

넌 지금부터 고객 1

 여기서 돈 내는 건가요?

고객2   Excuse me. We're in line here.

 아! 죄송해요. 몰랐어요.

고객2   No problem.

넌 지금부터 고객 2

고객1   Do I pay here?

 저기요. 저희 여기 줄 서 있는 건데요.

고객1   Oh! I'm sorry. I didn't know.

 괜찮습니다.

28 | 나 계속 비몽사몽이야. 아직 시차적응이 안 돼서.

mp3듣기

일단 한번 도전

우리말을 보면서 영어로 할 말을 떠올려 보세요. 28-1.mp3

영희   좀 피곤해 보인다. 괜찮아?

철수   아직 좀 시차적응이 안 돼서.

영희   그저께 밤에 돌아온 거야?

철수   응. 나 계속 비몽사몽이야. 네가 이뻐 보여.

나 계속 비몽사몽이야. 아직 시차적응이 안 돼서.

우리말의 "비몽사몽이야."는 I'm half-asleep. 하면 되는데요. half-asleep(반은 자고 있다)과 half-awake(반만 깨어 있다)는 동일한 의미이기는 하지만 half-awake의 경우엔 only를 넣어 사용합니다. I'm only half-awake. 이렇게요. jet lag는 '시차로 인한 피로감'을 뜻하는 명사, jet-lagged는 형용사 형태이죠. 따라서 "시차적응이 안 된다."는 I'm jet-lagged.라고 하면 됩니다.

요렇게 말했어
★★★

실제 대화에서는 어떻게 말하는지 눈으로 확인하세요.　∩ 28-2.mp3

영희　You seem a bit tired. Are you alright?

철수　I'm still a little jet-lagged.

영희　Did you get back two nights ago?

철수　Yeah. I'm still half-asleep. You look like Angelina Jolie to me right now.

＊You seem 형용사 ~해 보인다 | a bit 조금 | get back 돌아오다 | You look like Angelina Jolie to me right now. 내 눈엔 너 지금 안젤리나 졸리처럼 보여. (이뻐 보인다는 말을 시대의 미인 이름을 넣어 표현한 것)

[천천히 1번~ 실제 속도로 2번~]

영희 **You seem a bit tired. Are you alright?**

좀 피곤해 보인다. 괜찮아?

철수 **I'm still a little jet-lagged.**

아직 좀 시차적응이 안 돼서.

영희 **Did you get back two nights ago?**

그저께 밤에 돌아온 거야?

철수 **Yeah. I'm still half-asleep. You look like Angelina Jolie to me right now.**

응. 나 계속 비몽사몽이야. 네가 이뻐 보여.

[필 충만하게~ 느낌 팍팍 살려~]

넌 지금부터 영희

좀 피곤해 보인다. 괜찮아?

철수
I'm still a little jet-lagged.

그저께 밤에 돌아온 거야?

철수
Yeah. I'm still half-asleep. You look like Angelina Jolie to me right now.

넌 지금부터 철수

영희
You seem a bit tired. Are you alright?

아직 좀 시차적응이 안 돼서.

영희
Did you get back two nights ago?

응. 나 계속 비몽사몽이야. 네가 이뻐 보여.

29 | 너 요즘 좀 빠듯하니?

우리말을 보면서 영어로 할 말을 떠올려 보세요.　🎧 29-1.mp3

영희　여행 가서 내 거 뭐라도 좀 사왔니?

철수　어, 그럼. 여기 책갈피.

영희　진심? 너 요즘 좀 **빠듯하니?**

철수　좀 그렇긴 해. 근데 봐봐! 이 책갈피 엄청 독특해.

너 요즘 좀 빠듯하니?

poor라는 단어도 '가난한'이라는 의미이지만 우리가 대화할 때 흔히 말하는 "나 요즘 돈 없어, 빠듯해." 이런 표현에는 사용되지 않습니다. Are you on a tight budget (these days)? 직역하면 '(요새) 예산이 빠듯하니?', 즉 "(요새) 쪼들리니?"라고 묻는 말이에요. Are you low on cash (these days)?라고 해도 좋습니다.

요렇게 말했어 ★★★   실제 대화에서는 어떻게 말하는지 눈으로 확인하세요.   ∩ 29-2.mp3

영희   Did you get me anything on your trip?

철수   Oh, yeah. Here's a bookmark.

영희   Are you serious? Are you on a tight budget these days?

철수   A bit. But look! This bookmark is very unique.

＊ bookmark 책갈피 ⎮ Are you serious? 진심이야? 진담이야? ⎮ be on a tight budget 예산이 빠듯하다, 돈이 없어 쪼들리다 ⎮ Look! 봐봐! ⎮ unique 독특한, 유일무이한

153

[천천히 1번~ 실제 속도로 2번~]

영희
Did you get me anything on your trip?

여행 가서 내 거 뭐라도 좀 사왔니?

철수
Oh, yeah. Here's a bookmark.

어, 그럼. 여기 책갈피.

영희
Are you serious? Are you on a tight budget these days?

진심? 너 요즘 좀 빠듯하니?

철수
A bit. But look! This bookmark is very unique.

좀 그렇긴 해. 근데 봐봐! 이 책갈피 엄청 독특해.

넌 지금부터 영희 [필 충만하게~ 느낌 팍팍 살려~]

 여행 가서 내 거 뭐라도 좀 사왔니?

철수 Oh, yeah. Here's a bookmark.

 진심? 너 요즘 좀 빠듯하니?

철수 A bit. But look! This bookmark is very unique.

넌 지금부터 철수

영희 Did you get me anything on your trip?

 어, 그럼. 여기 책갈피.

영희 Are you serious? Are you on a tight budget these days?

 좀 그렇긴 해. 근데 봐봐! 이 책갈피 엄청 독특해.

30 | (햇볕에) 엄청 탔네!

mp3듣기

일단 한번 도전 ★ 우리말을 보면서 영어로 할 말을 떠올려 보세요. 🎧 30-1.mp3

영희   나 어제 바다 갔었어.

철수   잘 놀다 왔어?

영희   해변에서 깜박 잠들어버린 거 있지. 내 팔 좀 봐.

철수   **엄청 탔네!** 아무래도 너무 심한 거 같은데.

(햇볕에) 엄청 탔네!

여름이면 바다로 많이들 가시죠? 해변가에서 선탠을 잘못하면 화상 입은 것마냥 피부가 심하게 타는데요. 이런 상태를 영어로는 sunburn(햇볕에 심하게 탐)이라고 해요. 그래서 상대방의 이런 피부를 보면 That's a bad sunburn.(햇볕에 엄청 심하게 탔네.)이라고 말하면 되죠. You're really red.(엄청 빨갛게 익었다.)라고 해도 좋아요. 반면, 예쁘게 (일부러) 태운 사람에게는 You got a nice tan.(태닝 멋져요.)이라고 말해주세요. ^^

요렇게 말했어 ★★★ 실제 대화에서는 어떻게 말하는지 눈으로 확인하세요. ♩ 30-2.mp3

영희   I went to the beach yesterday.

철수   Did you have fun?

영희   I accidentally fell asleep on the beach. Look at my arms.

철수   That's a bad sunburn! It actually looks pretty serious.

---

* have fun 좋은 시간을 갖다 | accidentally 잘못해서, 실수로, 깜박하고 | fall asleep 잠들다 | pretty serious 상당히 심각한

[천천히 1번~ 실제 속도로 2번~]

영희   I went to the beach yesterday.

나 어제 바다 갔었어.

철수   Did you have fun?

잘 놀다 왔어?

영희   I accidentally fell asleep on the beach. Look at my arms.

해변에서 깜박 잠들어버린 거 있지. 내 팔 좀 봐.

철수   That's a bad sunburn! It actually looks pretty serious.

엄청 탔네! 아무래도 너무 심한 거 같은데.

[필 충만하게~ 느낌 팍팍 살려~]

넌 지금부터 영희

 나 어제 바다 갔었어.

철수 Did you have fun?

 해변에서 깜박 잠들어버린 거 있지. 내 팔 좀 봐.

철수 That's a bad sunburn! It actually looks
pretty serious.

넌 지금부터 철수

영희 I went to the beach yesterday.

 잘 놀다 왔어?

영희 I accidentally fell asleep on the beach.
Look at my arms.

 엄청 탔네! 아무래도 너무 심한 거 같은데.

I'm afraid of heights.

be afraid of ~는 '~을 두려워한다, ~을 무서워한다', heights는 '높은 곳'. I'm afraid of heights. "나는 높은 곳을 두려워한다." 즉, "나는 고소공포증이 있다."는 말이죠. 동일한 의미로 I have a fear of heights.

Why don't you ever travel by plane?
너는 왜 한 번도 비행기 타고 여행을 안 해?

Don't laugh. **I'm afraid of heights.**
웃으면 안 돼. 나 고소공포증 있어.

I'm lost.

길을 잃었다고 말하고 싶다면 간단하게 I'm lost! 길을 묻고 싶다면 I'm lost. 뒤에 Can you tell me where ~ is?(~가 어디 있는지 좀 알려 주시겠어요?) 이런 식으로 질문을 하면 돼요.

Do you even know where we're going?
너 지금 우리가 어디로 가는지 알고 있긴 한 거니?

No. **I'm completely lost.** 아니, 나 지금 완전 길 잃었어.

Business or pleasure?

여행 중인 누군가와, 혹은 비행기 안에서 옆 사람과 대화를 하게 되는 경우가 있습니다. 흔히 물어보는 질문, Business or pleasure? 주어, 동사 다 생략하고 이렇게만 말해도 자연스럽습니다. "일 때문에 오셨어요, 휴가로 오셨어요?" 혹은 "일로 가는 거예요, 휴가 차 가는 거예요?" 란 의미로 쓰는 질문.

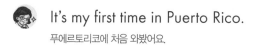 It's my first time in Puerto Rico.
푸에르토리코에 처음 와봤어요.

Oh, really? What brings you here? **Business or pleasure?**   아, 그래요? 무슨 일로 오셨나요? 일? 휴가?

I'm here on vacation.

여행 중인 나에게 누가 Business or pleasure?라 물을 때 I'm here on vacation.이라 답할 수 있습니다. "여기에서 휴가를 보내고 있어요." 라는 의미입니다. 업무도 보고 휴가도 즐길 목적이라면 A little bit of both.(조금씩 둘 다요.)라 하면 되겠어요.

 Are you here for work?   일 때문에 여기에 오신 건가요?

No, thank God. **I'm here on vacation.**
아니요, 천만다행이죠. 놀러 왔어요.

on the other side of the world

'지구 반대편에'라는 의미. 우리나라를 기준으로 뉴질랜드나 호주와 같이 정말 지구 반대편에 있는 나라를 묘사할 때에도 사용할 수 있는 표현이지만, "너무 멀잖아!"라고 말하고 싶을 때, 이 표현을 농담처럼 사용할 수도 있습니다.

Do you want to meet in Bundang tomorrow?
내일 분당에서 만날까?

Bundang? That's **on the other side of the world**.
분당? (그건) 너무 멀잖아.

first language

모국어를 first language, 모국어 외에 할 수 있는 언어를 second language라 합니다. 모국어는 mother tongue 혹은 native language라 해도 좋습니다.

What is your **first language**?
너 모국어가 뭐야?

Spanish. What's yours?
스페인어. 너는?

food poisoning

여행 중 아프면 정말 난처하죠? 낯선 곳에서 혹시 모를 상황에 당황하지 않도록 몇 가지 병명 정도는 알아두는 것이 좋겠습니다. 음식이 달라지니 food poisoning[fuːd pɔ́ızənıŋ](식중독), diarrhea[dàiəríːə](설사), enteritis[èntəráitəs](장염) 정도는 숙지해 두세요. leg fracture[leg frǽktʃər](다리 골절) 정도라면 응급처방 후 여행 접고 빨리 우리나라로 컴백하셔야죠.

 Want some expired steak?　유통기한 지난 스테이크 먹을래?

 Are you asking if I wanna get **food poisoning**?
지금 나한테 식중독 걸리고 싶냐고 묻는 거야?

Here's my ~

여행을 하다 좋은 사람을 만나면 bye-bye하고 영원히 헤어지기 아쉽습니다. 어떤 이들은 여행 중 딱 한 번 만나고 그 후 이메일이나 SNS로 꾸준히 연락하며 평생 친구가 되기도 하죠. Here's my ~라 하며 이메일 주소(email address)나 전화번호(number)를 주면 되겠습니다. 물론 여행 중일 때뿐만 아니라 평상시에도 유용하게 사용할 수 있는 표현입니다.

 Let's keep in touch!　우리 연락하고 지내요!

 I'd love to! **Here's my** number.　좋아요! 여기 제 전화번호예요.

hours of operation

'운영시간, 영업시간'을 의미하는 표현. 길을 걷다가 아주 마음에 드는 식당을 발견합니다. 일정을 마치고 이따 밤에 여기에서 밥을 먹고 싶어요. 그럼 식당 영업시간을 물어보는 것이 좋겠죠? 식당뿐 아닌 박물관, 병원, 은행, 슈퍼마켓, 기차역. 이런 모~든 장소들은 운영시간이 있습니다.

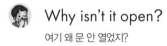

Why isn't it open?
여기 왜 문 안 열었지?

Check the **hours of operation** on the sign.
저 표지판에 영업시간 한번 봐봐.

table for two

식당에 들어가면 가장 먼저 하는 말이 "두 명이요."이죠? 완성된 문장으로 하면 I would like a table for two, please. 더 짧게 하면 Table for two, please.입니다. 세 명, 네 명일 때에는 숫자만 바꿔 말하면 되겠습니다.

Can I get a **table for two**, please?
두 명 자리 있을까요?

Sorry, you'll have to wait a bit.
죄송해요, 조금 기다리셔야 해요.

Check, please.

문장으로 말하면 Can I get the check, please? 짧게 하면 Check, please. 뒤에 please만 넣어준다면 짧게 말해도 전혀 무례하게 들리지 않아요.

Can I get you any dessert?
디저트 드시겠어요?

No, thank you. **Can we just get the check, please?**
아니요, 괜찮습니다. 계산서 주시겠어요?

I need an extra ~ / Can I get an extra ~?

'~가 필요해요'는 간단하게 I need ~. ~가 이미 있는데 '더' 필요하면 I need an extra ~라 말해야 더욱 자연스럽습니다. '~가 추가로 필요해요', 즉 '~ 더 주세요'란 의미이죠. 의문문으로 조금 더 공손하게 Can I get an extra ~?(~ 하나 더 받을 수 있을까요? ~ 하나 더 주시겠어요?)로 요청해도 아주 좋습니다!

Can I get an extra pillow, please**?**
베개 하나 더 받을 수 있을까요?

No problem. I'll be right back with your pillow.
그럼요. 베개 가지고 바로 다시 오겠습니다.

1일 1패턴 영어회화

왕초보 / 기초 / 도전

세트
할인 특가
30,000원
↓
27,000원

하루에 딱 하나만!
나를 바꾸는 매일 영어습관

부록
· 저자 음성강의
· 저자 동영상 강의
· 원어민 영어 mp3

정나래 지음 | 각 권 224쪽 | 10,000원

난생처음 끝까지 다보는 영어회화책!

하루에 10분만! 딱 하나의 패턴으로 부담 없이!

시간이 부족한 당신을 위한 가장 현실적인 영어 정복법

난이도	첫걸음 **초급** 중급 | 고급	기간	하루 10분, 30일
대상	매번 작심삼일로 끝났던 영어회화 공부를 이번에는 꼭 끝까지 성공해보고 싶은 분	목표	하루 10분 1일 1패턴으로 꾸준한 영어 습관 만들기

영어와 10년 넘도록 썸만 타고 있는
우리들을 위한 현실 영어 교과서

Real

영어회화? 입이 안 떨어져~

❝

말문 터진 입이라
영어로 거침없이 막 말해요!

❞

책장 어디를 펼쳐도
진짜 내가 영어로 하고 싶은 말!
**주구장창 써먹을 수 있는
현실 영어회화.zip**

Fun

영어공부? 지루해서 못 하겠어~

❝

만화책보다 더 재미있는
영어회화 공부!

❞

공감 200% 대화와
꿀잼 바른생활 그림의 케미 폭발!
**영어책인 주제에 뭐가 이렇게
재미있게 술술 읽혀?**

With

영어책? 어차피 못 볼 거 안 사~

❝

3,000명의 학습자와
함께 만든 영어회화책!

❞

표현 선정부터 완독
학습 설계와 디자인까지!
**학습자들이 직접 공부하며
함께 만들었다.**

www.gilbut.co.kr

1 본책 **2** 연습장

즐거운 영어생활
2교시 여가생활 영어회화

즐거운 영어회화 연습장

제이정 글 ― ㈜산돌티움 그림

길벗 이지:톡

제이정 글 | ㈜산돌티움 그림

영어 잘할 수 있는 방법?
Practice makes perfect!
연습만이 유창한 영어로 가는 최선입니다.
알면서도 실천이 어려울 뿐ㅠㅠ
그래서 준비했습니다.

부담은 빼고 재미는 더한 영어회화 연습장!
여기까지 오는 동안 여러분이 만난 표현들을
입에 착 붙게 만들어 드리겠습니다.

영어표현 자동암기 카드 ············ 5
영어회화 최종점검 인덱스 ············ 37

★ ★ ★

영어와 우리말로 막 말해요~

영어표현
자롱암기 카드

입에서 막힘없이 바로 튀어 나와야,
상대가 말할 때 알아들어야 진짜 내 실력!
휴대하기 간편하고 mp3파일까지 들을 수 있는
암기카드로 언제 어디서나 부담 없이 훈련하세요!

카드 활용법

이 카드는 앞뒤로 활용할 수 있습니다. 앞면은 우리말을 영어로 말하기,
뒷면은 영어 문장의 우리말 뜻 말하기로 구성되어 있습니다.

(카드 앞면)

❶ 우리말을 영어로 말해보세요.

❷ 말할 수 없다면 해당 과로 돌아가서
확인하세요.

(카드 뒷면)

❸ 영어 표현의 우리말 뜻을 말해보세요.

❹ QR코드를 스캔해서 발음을 확인하
세요.(✌️번 반복)

✂️- 절취선을 따라 자르면 휴대하기에 더 좋습니다.

p.12

①

나 오늘 쇼핑각이야.

p.16

②

결국 질렀구나!

1

I'm in a shopping mood.

2

You ended up buying it!

p.20

호갱 됐네.

p.24

(내 말) 뭔 말인지 알지?

You got ripped off big time.

You know what I mean?

p.28

5

너 새 차 뽑은 지 얼마 안 됐잖아.

p.38

6

오늘만 원 플러스 원 세일

원 플러스 원으로 사와.

5

꼭 찍어 발음 확인

You bought a new car not too long ago.

6

꼭 찍어 발음 확인

오늘만 원 플러스 원 세일

Get the buy-one-get-one-free kind.

p.42

이번 달 카드 값 장난 아니겠어.

p.46

나 신용카드 한도 초과야.

콕 찍어 발음 확인

My credit card payment this month is going to hurt.

콕 찍어 발음 확인

I maxed out my credit card.

p.50

9

이번 달 월급도 스쳐 지나가겠네.

p.54

10

N빵 하자.

9

꼭 찍어 발음 확인

There goes your salary.

10

꼭 찍어 발음 확인

Let's split the bill.

p.64

11

맛집 좀 추천해줄래?

p.68

12

지금 개봉한 영화 중에 볼 만한 거 있나?

🔊 콕 찍어 발음 확인

Can you recommend a good restaurant for me?

🔊 콕 찍어 발음 확인

Anything good playing in theaters?

p.72

13

덕분에 기분 죽이는데.

p.76

14

나한테 선택권이 없어.

콕 찍어 발음 확인

You just made my day.

콕 찍어 발음 확인

I don't really have a choice.

p.80

손에서 놓을 수가 없더라고.

p.90

네가 제2의 김연아가 될지 누가 알아.

{🔊 콕 찍어 발음 확인

I couldn't put it down.

{🔊 콕 찍어 발음 확인

Who knows, you might be
the next Yuna Kim.

17

p.94

무슨 소린지 1도 모르겠다.

18

p.98

사실 난 야구는 별로야.

17

I don't understand a word you're saying.

18

Actually, I'm not a big fan of baseball.

p.102

난 매운 음식은 별로.

p.106

미리 말하는데, 나 되게 잘 쳐[잘해].

오뎅 떡볶이 순대 두의 식도가 탈 수 있음 튀김 만두

Spicy food is not really my thing.

I have to warn you, though.
I'm very good.

p.116

㉑ 나 데리고 가면 안 돼?

p.120

㉒ 팁 좀 줘.

21

Could I tag along?

22

여행정보
탑시크릿

Any tips?

p.124

23

풍경이 입을 다물지 못할 정도로 멋져.

p.128

24

부담 주기 싫어서 그래.

23

꼭 찍어 발음 확인

The views are mind-blowing.

24

꼭 찍어 발음 확인

I don't wanna be a burden.

p.132

김철수로 예약했는데요.

p.140

나 완전 결정장애야. (이놈의 결정장애)

I have a reservation under Kim Cheolsu.

I'm so indecisive.

p.144

저희 여기 줄 서 있는 건데요.

p.148

나 계속 비몽사몽이야.
아직 좀 시차적응이 안 돼서.

27

콕 찍어 발음 확인

We're in line here.

28

콕 찍어 발음 확인

I'm still half-asleep.
I'm still a little jet-lagged.

p.152

너 요즘 좀 빠듯하니?

p.156

(햇볕에) 엄청 탔네!

꾁 찍어 발음 확인

공짜엽서

Are you on a tight budget these days?

꾁 찍어 발음 확인

That's a bad sunburn!

마무리 복습과 찾아보기가 동시에!

영어회화
최종점검 인덱스

여기까지 오는 동안 여러분이 만났던 영어회화
표현들의 우리말 뜻을 가나다순으로 정리했습니다.
향상된 실력을 확인하는 [복습용],
궁금한 표현만 콕 집어 찾아주는 [검색용] 등 학습 목적에 맞게 활용하세요.

인덱스 활용법

이 코너는 마무리 복습과 표현 검색의 두 가지 용도로 활용할 수 있어요.
여러분의 취향과 학습 목적에 맞게 활용하세요.

[마무리 복습용]
내 영어회화, 얼마나 늘었을까?

우리말을 영어로 바꿔 말해보세요. ✏ 빈칸에 써보아도 좋습니
다. 영어 표현이 생각나지 않는다면 오른쪽에 표시된 페이지로
돌아가서 한 번 더 학습하세요. 헷갈렸거나 말하지 못했던 표현
은 □에 ☑식으로 체크 표시하고 다음에 다시 도전해 보세요.

[찾아보기용]
이 표현, 영어로는 먼지 궁금해!

'여기 있는 걸 전부 외우기는 좀 부담스럽다. 나는 그냥 딱 꽂히
는 표현, 정말 궁금한 표현만 알고 싶다.' 이런 분들은 인덱스로
활용해 주세요. 표현 옆에 있는 More! 16과 를 보고 해당 과를 찾
거나 ▶ 옆의 페이지 번호로 찾아가면 됩니다. 모든 과의 대표 표
현은 파란색으로 표시했습니다.

START!

☐ 5월은 기념일이 많잖아. 어린이날, 어버이날, 스승의 날… 9과 ▶ p.51

✎ _____

☐ 5월을 맞을 준비가 안 됐어. 9과 ▶ p.51

✎ _____

☐ BTS 콘서트 갈래? 13과 ▶ p.73

✎ _____

☐ N빵 하자. (돈을 똑같이 나누어 내자.) 10과 대표 표현 ▶ p.55

✎ _____

☐ 가서 왕창 질러보자. 1과 ▶ p.13

✎ _____

☐ 가을 옷 좀 사야겠어. 4과 ▶ p.25

✎ _____

☐ 가족을 먹여 살려야 해. More 2 ▶ p.62

✎ _____

☐ 갖고 싶으면 너 가져. 15과 ▸ p.81

✎ _____

☐ 같이 갈래? 20과 ▸ p.107

✎ _____

☐ 개인적으로, 리메이크를 더 잘 만들었다고 생각해. More 3 ▸ p.85

✎ _____

☐ 걔 요즘 완전 돈 없어. (완전 거지야. 빈털터리야.) More 2 ▸ p.58

✎ _____

☐ 걔 유부녀야. More 2 ▸ p.61

✎ _____

☐ (SNS에) 걔가 올리는 거 다 완전 군침 돌아. More 3 ▸ p.84

✎ _____

☐ 걔들은 제2의 방탄소년단이 될 거야. 16과 ▸ p.91

✎ _____

☐ 걘 식성이 워낙 까다로워. More 4 ▸ p.112

✎ _____

☐ 걘 정말 사교성 끝판왕이야. More 4 ▶ p.110

✎ _____

☐ 걘 태국음식을 엄청 좋아해. 11과 ▶ p.65

✎ _____

☐ 결국 질렀구나! 2과 대표 표현 ▶ p.17

✎ _____

☐ (저희) 계산서 주시겠어요? More 6 ▶ p.165

✎ _____

☐ 골프 치러 갈까 하는데. 20과 ▶ p.107

✎ _____

☐ 공항에 어떻게 가려고? More 5 ▶ p.138

✎ _____

☐ (사과의 말에 대해) 괜찮습니다. (요청을 수락하며) 그럼요. 27과 More 6 ▶ p.145, 165

✎ _____

☐ 그 모델 가성비 정말 최고(야)! 3과 ▶ p.21

✎ _____

☐ 그 셔츠 환불해라. More 1 ▸ p.34

✎ _____

☐ 그 여자 되게 사람 편하고 좋아요. More 4 ▸ p.113

✎ _____

☐ 그 짠돌이가 이런 거에 절대 돈 쓸 리가 없지. More 2 ▸ p.62

✎ _____

☐ 그 책 벌써 다 읽었어? 15과 ▸ p.81

✎ _____

☐ 그건 꼭 봐야 해요. More 5 ▸ p.137

✎ _____

☐ 그게 다야. 6과 ▸ p.39

✎ _____

☐ 그게 무슨 말이야[의미야]? 14과 ▸ p.77

✎ _____

☐ 그냥 구경하고 있어요. More 1 ▸ p.35

✎ _____

40

☐ 그닥. 그런 건 아니고요. 잘 모르겠는데. 4과 More 1 12과 ▶ p.25, 35, 69

✎ _____

☐ 그래서, 이제 어쩌려고? 8과 ▶ p.47

✎ _____

☐ 그렇게 재미있었어? 15과 ▶ p.81

✎ _____

☐ 그저께 밤에 돌아온 거야? 28과 ▶ p.149

✎ _____

☐ 근데 왜 (물어보는데)? 22과 ▶ p.121

✎ _____

☐ 김철수로 예약했는데요. 25과 대표 표현 ▶ p.133

✎ _____

☐ 나 완전 결정장애야. 이놈의 결정장애. 26과 대표 표현 ▶ p.141

✎ _____

☐ 나 계속 비몽사몽이야. 28과 대표 표현 ▶ p.149

✎ _____

☐ 나 고소공포증 있어. More 6 ▶ p.160

✎ _____

☐ 나 내일 쉬는 날이야. More 4 ▶ p.110

✎ _____

☐ 나 다음달에 세부 가려고. 22과 ▶ p.121

✎ _____

☐ 나 데리고 가면 안 돼? 21과 대표 표현 ▶ p.117

✎ _____

☐ 나 쇼핑 중독자잖아. More 1 ▶ p.32

✎ _____

☐ 나 신용카드 한도 초과야. 8과 대표 표현 ▶ p.47

✎ _____

☐ 나 어제 바다 갔었어. 30과 ▶ p.157

✎ _____

☐ 나 연애 조언이 좀 필요해. More 3 ▶ p.88

✎ _____

☐ 나 영어공부 시작한 지 얼마 안 됐어. 5과 ▸ p.29

✎ _____

☐ 나 오늘 쇼핑각이야. 1과 대표 표현 ▸ p.13

✎ _____

☐ 나 오늘 스케줄 없어. More 1 ▸ p.33

✎ _____

☐ 나 오늘 음주각이야. 1과 ▸ p.13

✎ _____

☐ 나 요즘 스트레스 장난 아냐. 1과 ▸ p.13

✎ _____

☐ 나 요즘 진짜 돈 없어. More 1 10과 ▸ p.33, 55

✎ _____

☐ 나 이번 여름에 배낭 여행 가려고. 21과 ▸ p.117

✎ _____

☐ 나 자막 있는 영화 보는 거 극혐이야. More 3 ▸ p.85

✎ _____

43

☐ (별 목적 없이) 나 좀 봐도 돼? 2과 ▶ p.17

✎ _____

☐ 나 지금 완전 길 잃었어. More 6 ▶ p.160

✎ _____

☐ 나 차멀미가 심해. More 5 ▶ p.138

✎ _____

☐ 나 핸드폰 샀어! 2과 3과 ▶ p.17, 21

✎ _____

☐ 나 호텔에서 머물 거야. 24과 ▶ p.129

✎ _____

☐ 나는 가볍게 다니는 걸 좋아해. More 5 ▶ p.136

✎ _____

☐ 나는 너와 가까워지고 싶어. More 4 ▶ p.113

✎ _____

☐ 나는 동의 안 해. More 4 ▶ p.115

✎ _____

□ 나는 비시즌 동안에는 우울증에 시달려. 17과 ▶ p.95

✐ _____

□ 나는 실전과 이론 둘 다 강한 사람이 필요해. More 3 ▶ p.87

✐ _____

□ 나도 읽어봐야겠네. 15과 ▶ p.81

✐ _____

□ 나쁜 소식은 빨리 퍼진다더니. More 5 ▶ p.139

✐ _____

□ 나한테 선택권이 없어. 14과 대표 표현 ▶ p.77

✐ _____

□ 나한테 티켓 2장 있어. 13과 ▶ p.73

✐ _____

□ (상대방의 스트레스 처방에 대해) 난 그러면 스트레스 더 받아. 19과 ▶ p.103

✐ _____

□ 난 네가 여기[우리 집에] 있는 거 너무 좋아! 24과 ▶ p.129

✐ _____

☐ 난 매운 음식은 별로. 19과 대표 표현   ▶ p.103

✎ _____

☐ 난 술은 별로야. 19과   ▶ p.103

✎ _____

☐ 난 식당이나 클럽 말한 건데. 산 말고. 23과   ▶ p.125

✎ _____

☐ 난 여행은 별로야. 19과   ▶ p.103

✎ _____

☐ 난 제2의 박지성이 되고 싶어. 16과   ▶ p.91

✎ _____

☐ 난 좀 더 외향적인 사람을 원해. More 4   ▶ p.112

✎ _____

☐ 남의 돈 버는 게 쉽진 않지. More 2   ▶ p.60

✎ _____

☐ 남친이랑 어떻게 만났어? More 5   ▶ p.136

✎ _____

☐ 내 거는 특별 세일 행사에서 40만원이었어. 3과 ▶ p.21

✎ _____

☐ 내 거랑 똑같네. 3과 ▶ p.21

✎ _____

☐ 내 건 25만원이었어. 3과 ▶ p.21

✎ _____

☐ 내 계좌 완전 텅 비었어. More 1 ▶ p.37

✎ _____

☐ 내 생각에 걘 차분한 생일을 원할 것 같아. More 4 ▶ p.111

✎ _____

☐ 내 팔 좀 봐. 30과 ▶ p.157

✎ _____

☐ 너 그렇게 돈 펑펑 쓰는 거 그만해야 돼. More 1 ▶ p.37

✎ _____

☐ 너 모국어가 뭐야? More 6 ▶ p.162

✎ _____

☐ 너 새 차 뽑은 지 얼마 안 됐잖아. 5과 대표 표현 ▶ p.29

🖉 _____

☐ 너 스위스 간다며? 23과 ▶ p.125

🖉 _____

☐ 너 어쩌려고 그래? 8과 ▶ p.47

🖉 _____

☐ (상대의 차림새가 추해 보일 때) 너 완전 이상해. More 1 ▶ p.34

🖉 _____

☐ 너 왜 그렇게 기분이 좋아? More 2 ▶ p.63

🖉 _____

☐ 너 요즘 좀 빠듯하니? 29과 대표 표현 ▶ p.153

🖉 _____

☐ 너 저번 주에도 신발 몇 개 사지 않았어? 7과 ▶ p.43

🖉 _____

☐ 너 지금 우리가 어디로 가는지 알고 있긴 한 거니? More 6 ▶ p.160

🖉 _____

☐ 너 첫 데이트 쫑났다. 9과　　　　　　　　　▸ p.51

✎ _____

☐ 너는 자연스러워. 16과　　　　　　　　　　▸ p.91

✎ _____

☐ 너는 정말 내 속을 훤히 다 들여다보는구나. More 3　▸ p.89

✎ _____

☐ (내 생각에) 너는 행간의 의미를 파악하는 방법을 좀 배워야 돼. More 3 ▸ p.87

✎ _____

☐ (상대의 양해를 구할 때) 너만 괜찮다면. More 5　▸ p.138

✎ _____

☐ (그건) 너무 멀잖아. 지구 반대편이잖아. More 6　▸ p.162

✎ _____

☐ 너의 신뢰 따위는 나에게 단 1센트의 가치도 없어. More 1　▸ p.36

✎ _____

☐ 넌 넘 우유부단해. 26과　　　　　　　　　▸ p.141

✎ _____

☐ 넌 매사에 물에 물 탄 듯 술에 술 탄 듯 우유부단해. 26과 ▸ p.141

✎ _____

☐ 넌 부담 안 돼. 24과 ▸ p.129

✎ _____

☐ 넌 정말 좀 더 활동적일 필요가 있어. More 4 ▸ p.111

✎ _____

☐ 네 성격을 환불해야 할 것 같은데. More 1 ▸ p.34

✎ _____

☐ (식사 대접) 네가 쏴. More 3 ▸ p.84

✎ _____

☐ 네가 이뻐 보여. 28과 ▸ p.149

✎ _____

☐ 네가 제2의 김연아가 될지 누가 알아. 16과 대표 표현 ▸ p.91

✎ _____

☐ 놀랍지도 않다. More 4 ▸ p.114

✎ _____

☐ 놀러 왔어요. 휴가 차 왔어요. More 6 ▶ p.161

✎

☐ 농담하는 거지? 17과 ▶ p.95

✎

☐ 다 이미 본 것들이야. (본문에서 them은 영화를 가리킴) 12과 ▶ p.69

✎

☐ 다운로드 할 영화 하나 고르려고 하는데. 12과 ▶ p.69

✎

☐ 당신 나라에서는 유명한 관광지가 뭐가 있나요? More 5 ▶ p.137

✎

☐ 당신 이번 달 용돈이야. More 1 ▶ p.37

✎

☐ 당신은 너무나 대단해요. 23과 ▶ p.125

✎

☐ 더치페이하자. (각자 먹은 만큼 내자.) 10과 ▶ p.55

✎

☐ 덕분에 기분 죽이는데. 13과 대표 표현 ▶ p.73

✎ _____

☐ 돈을 너무 많이 쓰지 마! (돼지 저금통을 깨지 마!) 9과 ▶ p.51

✎ _____

☐ 돈이면 다 돼. More 2 ▶ p.59

✎ _____

☐ 두 명 자리 있을까요? More 6 ▶ p.164

✎ _____

☐ 두 살배기 아들이 온종일 '아기 상어'를 들으려고 해. 14과 ▶ p.77

✎ _____

☐ (우린) 둘 다 해외 여행 하던 도중에 만났어. More 5 ▶ p.136

✎ _____

☐ 드디어 카드비를 다 갚았어! More 2 ▶ p.63

✎ _____

☐ (행동에 대해) 딱 너답다. (옷 등이 딱 어울릴 때) 딱 네 거네. More 4 ▶ p.114

✎ _____

☐ 마음에 드는지 한번 입어봐. More 1 ▶ p.35

🖉

☐ 맛집 좀 추천해줄래? 11과 대표 표현 ▶ p.65

🖉

☐ 맥주 사서 공원이나 가서 놀자. More 4 ▶ p.110

🖉

☐ 맨입으론 안 된다. 22과 ▶ p.121

🖉

☐ (상대의 계획이나 경험담 등을 듣고) 멋지다! 21과 ▶ p.117

🖉

☐ 모든 개인 취향은 존중되어야 해. More 4 ▶ p.115

🖉

☐ 무슨 소리야? 24과 ▶ p.129

🖉

☐ 무슨 소린지 1도 모르겠다. 17과 대표 표현 ▶ p.95

🖉

☐ 무슨 수를 써서라도 그 애와 결혼할 거야. More 2 ▶ p.61

✎ _____

☐ (여긴) 무슨 일로 오셨나요? More 6 ▶ p.161

✎ _____

☐ 뭐 더 필요한 건 없어? 6과 ▶ p.39

✎ _____

☐ 뭐 좀 먹을까? More 3 ▶ p.84

✎ _____

☐ 뭐 추천할 만한 데[거] 있어? 23과 ▶ p.125

✎ _____

☐ (같이) 뭐라도 할까? More 4 ▶ p.110

✎ _____

☐ (내 말) 뭔 말인지 알지? 4과 대표 표현 ▶ p.25

✎ _____

☐ 미리 말하는데, 나 되게 잘 쳐[잘해]. 20과 대표 표현 ▶ p.107

✎ _____

☐ 미안, 넌 내 타입 아냐. More 4   ▶ p.113

✎ _____

☐ 바로 어제 일이야. More 5   ▶ p.139

✎ _____

☐ 반값에 샀어. 7과   ▶ p.43

✎ _____

☐ 발품 좀 팔아서 득템할 시기가 왔군. More 1   ▶ p.33

✎ _____

☐ 배고파 죽겠네. 26과   ▶ p.141

✎ _____

☐ 버스를 놓쳤어요. More 5   ▶ p.139

✎ _____

☐ 베게 하나 더 받을 수 있을까요? More 6   ▶ p.165

✎ _____

☐ (뭐 하냐는 상대의 질문에 대해) 별거 안 해. 20과   ▶ p.107

✎ _____

☐ 부담 주기 싫어서 그래. 24과 대표 표현 ▸ p.129

✎ _____

☐ 비교도 할 수 없어. More 3 ▸ p.85

✎ _____

☐ (물어볼) 사람 잘못 짚었네. More 3 ▸ p.88

✎ _____

☐ 사실 난 야구는 별로야. 18과 대표 표현 ▸ p.99

✎ _____

☐ 새로 개봉한 그 프랑스 영화 봤어? More 3 ▸ p.85

✎ _____

☐ 손뼉은 마주쳐야 소리가 나는 법인데. More 3 ▸ p.86

✎ _____

☐ 손에서 놓을 수가 없더라고. 15과 대표 표현 ▸ p.81

✎ _____

☐ 쇼핑 가자. More 1 ▸ p.33

✎ _____

☐ 쇼핑 갈래? 1과 ▶ p.13

✎ _____

☐ 스트레스 받을 땐 매운 게 최고인데. 19과 ▶ p.103

✎ _____

☐ 신발 너무 예쁘다! 7과 ▶ p.43

✎ _____

☐ 실은, 통장잔고도 바닥이야. 8과 ▶ p.47

✎ _____

☐ (그거 지금까지) 써보니까 어때? 2과 ▶ p.17

✎ _____

☐ 쓰러질 때까지 쇼핑하자. More 1 ▶ p.33

✎ _____

☐ 아껴 쓸게. More 1 ▶ p.37

✎ _____

☐ 아는 사람 중 엄청 부자 있어? More 2 ▶ p.63

✎ _____

☐ 아니, 철수요. 찰스 아니고요. 25과 ▶ p.133

☐ 아마 버스 타고 갈 듯. More 5 ▶ p.138

☐ 아무거나 골라. 빨리! 26과 ▶ p.141

☐ 아무것도 아닌 일에 영희가 나한테 소리질렀어. More 3 ▶ p.86

☐ 아무래도 너무 심한 거 같은데. 30과 ▶ p.157

☐ 아직 좀 시차적응이 안 돼서. 28과 대표 표현 ▶ p.149

☐ 아직은 사용법 익히는 중이야. 2과 ▶ p.17

☐ 알프스 산맥에서 하이킹! 23과 ▶ p.125

☐ 앞에 앉을래? More 5 ▶ p.138

✎ _____

☐ 애들 크니까 큰 차가 필요해서 SUV로 사려고. 5과 ▶ p.29

✎ _____

☐ 야구는 그닥 내 취향이 아니야. More 4 ▶ p.114

✎ _____

☐ 야구의 묘미는 말이지 이게 굉장히 우아하다는 거야. 17과 ▶ p.95

✎ _____

☐ 어디로 갈 계획이야? 21과 ▶ p.117

✎ _____

☐ (그것들) 어디서 산 거야? 7과 ▶ p.43

✎ _____

☐ (그것들) 어떻게 구했어? 13과 ▶ p.73

✎ _____

☐ (너 햇볕에) 엄청 빨갛게 익었다. 30과 ▶ p.157

✎ _____

☐ (그거) 엄청 좋은 소식이네. More 3 ▶ p.86

✎ _____

☐ (햇볕에) 엄청 탔네! 30과 대표 표현 ▶ p.157

✎ _____

☐ (우린 걔를) 여기 오게 하려고 모든 방법을 총동원했어. More 3 ▶ p.89

✎ _____

☐ 여기 제 전화번호예요. More 6 ▶ p.163

✎ _____

☐ (자,) 여기 책갈피. 29과 ▶ p.153

✎ _____

☐ 여기서 돈 내는 건가요? 27과 ▶ p.145

✎ _____

☐ 여자친구랑 가려고? (여자친구 데려가려고?) 11과 ▶ p.65

✎ _____

☐ 여친이랑 헤어졌다고 들었어. More 5 ▶ p.139

✎ _____

☐ 여행 가려고 돈 모으는 중이야. More 2 ▶ p.60

✎ _____

☐ 여행 가서 내 거 뭐라도 좀 사왔니? 29과 ▶ p.153

✎ _____

☐ 영희가 아무 말도 안 하고 그냥 가버렸어. More 3 ▶ p.87

✎ _____

☐ 영희가 연애에 대해서는 모르는 게 없잖아. More 3 ▶ p.88

✎ _____

☐ 옛날 영화를 좀 찾아봐. 12과 ▶ p.69

✎ _____

☐ 오늘 최악의 날이었어. More 1 ▶ p.32

✎ _____

☐ 옷장 넘쳐나는구만 뭘. 4과 ▶ p.25

✎ _____

☐ (상대의 제안에 대해) 완전 좋지! 13과 ▶ p.73

✎ _____

☐ 왜 지각했어? More 5 ▶ p.139

🖉 _____

☐ 외식할까? More 2 ▶ p.60

🖉 _____

☐ 우리 쌤이 계속 "타고나셨어요!" 이렇게 외친다니까. 16과 ▶ p.91

🖉 _____

☐ 우리 아빠는 항상 모든 걸 원칙대로만 하셔. More 3 ▶ p.88

🖉 _____

☐ 우리 연락하고 지내요! More 6 ▶ p.163

🖉 _____

☐ 우리 조카가 김연아랑 동갑인데. 16과 ▶ p.91

🖉 _____

☐ 우리 집에 있어야지. (너 우리 집에 머물러야지.) 24과 ▶ p.129

🖉 _____

☐ 우리 회사 드디어 흑자야. More 1 ▶ p.36

🖉 _____

☐ 우유 다 떨어졌어. 6과   ▸ p.39

🖉 _____

☐ 원 플러스 원으로 사와. 6과 대표 표현   ▸ p.39

🖉 _____

☐ 원작이 훨씬 좋지. More 3   ▸ p.85

🖉 _____

☐ (어디로 여행가냐는 질문에 대해) 유럽으로. 21과   ▸ p.117

🖉 _____

☐ 음악 듣는 거 좋아해? 14과   ▸ p.77

🖉 _____

☐ 이 영화 대박이야. 23과   ▸ p.125

🖉 _____

☐ 이 책 정말 좋았어. 15과   ▸ p.81

🖉 _____

☐ 이 책갈피 엄청 독특해. 29과   ▸ p.153

🖉 _____

☐ 이거 먹을까? 아님 이거? 오, 저것도 맛있겠다! 26과 ▸ p.141

🖉 _____

☐ 이거 무지막지하게 비싸더라. More 2 ▸ p.59

🖉 _____

☐ 이따가 떡볶이 먹으러 갈까? 19과 ▸ p.103

🖉 _____

☐ 이번 달 월급도 스쳐 지나가겠네. 9과 대표 표현 ▸ p.51

🖉 _____

☐ 이번 달 카드 값 장난 아니겠어. 7과 대표 표현 ▸ p.43

🖉 _____

☐ 이번 달에는 과소비하지 않도록 해. More 1 ▸ p.32

🖉 _____

☐ 이번 야구 시즌 엄청 재밌을 듯! 18과 ▸ p.99

🖉 _____

☐ 이번 주 토요일에 뭐해? 20과 ▸ p.107

🖉 _____

☐ 이번 주말에 야구 경기 보러 갈까? More 4 ▸ p.114

✎ _____

☐ 이번에는 네가 내[계산해]. 10과 ▸ p.55

✎ _____

☐ 인터넷(쇼핑)으로. 7과 ▸ p.43

✎ _____

☐ 인터넷으로 이 티켓 사려고 알람 여러 개를 딱 맞춰놨지. 13과 ▸ p.73

✎ _____

☐ 일 때문에 여기에 오신 건가요? More 6 ▸ p.161

✎ _____

☐ (여행하는 목적) 일? 휴가? More 6 ▸ p.161

✎ _____

☐ 일등석 구매할 거야? More 5 ▸ p.137

✎ _____

☐ 입을 게 없어. 4과 ▸ p.25

✎ _____

☐ 작년에 세부 갔었지? 22과   ▶ p.121

✎ _____

☐ 잘 놀다 왔어? 30과   ▶ p.157

✎ _____

☐ 잠시만 여기서 기다려 주시겠어요, 찰스 씨? 25과   ▶ p.133

✎ _____

☐ 장보러 갈 건데. 6과   ▶ p.39

✎ _____

☐ 저 표지판에 영업시간 한번 봐봐. More 6   ▶ p.164

✎ _____

☐ 저기요. 여기 점심특선 둘이요. 26과   ▶ p.141

✎ _____

☐ 저번에 내가 냈잖아. 10과   ▶ p.55

✎ _____

☐ 저번에는 내 생일이어서 네가 산 거고. 10과   ▶ p.55

✎ _____

☐ 저한테 주실 조언이 있나요? 22과 ▶ p.121

✎ _____

☐ 저희 여기 줄 서 있는 건데요. 27과 대표 표현 ▶ p.145

✎ _____

☐ 전혀 그렇지 않아. 24과 ▶ p.129

✎ _____

☐ 정말 싸게 샀어. More 1 ▶ p.34

✎ _____

☐ (내 자신이) 제어가 안 돼. More 1 ▶ p.32

✎ _____

☐ 제일 좋아하는 팀이 어디야? 18과 ▶ p.99

✎ _____

☐ 조만간 차 사려고. 5과 ▶ p.29

✎ _____

☐ 좀 피곤해 보인다. 28과 ▶ p.149

✎ _____

☐ 주식 해서 떼돈 벌었다며? More 2   ▶ p.61

☐ 지금 개봉한 영화 중에 볼 만한 거 있나? 12과 대표 표현   ▶ p.69

☐ 지금 나한테 식중독 걸리고 싶냐고 묻는 거야? More 6   ▶ p.163

☐ 지름신 치료를 하면서 거기에 대해 대화해보자. More 1   ▶ p.32

☐ 진심(이니)? 29과   ▶ p.153

☐ 진짜 괜찮은 데 알아. 11과   ▶ p.65

☐ 진짜 그렇게 생각해? More 4   ▶ p.115

☐ 진짜 재미있었어! More 4   ▶ p.115

☐ 체크해 드릴게요. 25과 ▶ p.133

☐ (예쁘게 일부러 태운 사람에게) 태닝 멋져요. 30과 ▶ p.157

☐ 특별히 찾는 게 있으신가요? More 1 ▶ p.35

☐ 팁 좀 줘. 22과 대표 표현 ▶ p.121

☐ 파격 세일이 있었어. More 1 ▶ p.34

☐ 푸에르토리코에 처음 와봤어요. More 6 ▶ p.161

☐ 풍경이 입을 다물지 못할 정도로 멋져. 23과 대표 표현 ▶ p.125

☐ 피겨스케이트 레슨 받는다고? 16과 ▶ p.91

☐ 필요한 거 있어? 6과 ▸ p.39

✎ _____

☐ 한 번이라도 돈 좀 보태볼래? More 2 ▸ p.58

✎ _____

☐ 해변에서 깜박 잠들어버린 거 있지. 30과 ▸ p.157

✎ _____

☐ 현금 가진 건 없어? 8과 ▸ p.47

✎ _____

☐ 호갱 됐네. (바가지 제대로 썼네). 3과 대표 표현 ▸ p.21

✎ _____

☐ 회사가 바빠? 9과 ▸ p.51

✎ _____

☐ 휴가 때 갔다 왔지. 22과 ▸ p.121

✎ _____